一見鐘

都柏林

愛爾蘭自助全攻略

文·攝影·插圖──港都小貓

CONTENTS

{ 本書獻給七個人 }

給 Peter，海鷗兄弟的發想人，全世界最棒的老弟；
給媽咪，妳教我愛人如己；
給老爸，你總是對我的才華充滿信心；
給 Richard，我的導師與好友；
給帶我認識愛爾蘭的姊妹 Grainne 與 Sarah；
也獻給你，吾愛，總是在的你。

{ This Book is for seven people }

For Peter, the creator of The Seagull Brothers
and the most supportive brother in the world;
For Mommy, you've taught me to love others as myself;
For Daddy, you've always believed in my talents;
For Richard, my mentor and friend, you've inspired me to follow my bliss;
For my Irish sisters, Grainne and Sarah;
And for you, my love, you are always there for me.

愛爾蘭，其實沒那麼遙遠

對愛爾蘭的嚮往，一切都從一本旅遊雜誌的文章開始。文章介紹愛爾蘭的首都「都柏林」，是一座由維京人建立的城市，也曾是大英帝國的第二大城，在文化和經濟上的影響力僅次於倫敦，這樣的描述引發了我無限的想像。但更吸引我的是都柏林街頭隨處可見，色彩繽紛的大門，玫瑰紅的門、檸檬黃的門、亮紫色的門、青草綠的門，彷彿每扇門背後都藏著精采的故事等著我去發掘。雖然都柏林在世界遙遠的另一頭，當年只有12歲的我下定決心，一定要親自去看看這座神奇的城市。

過了幾年，漸漸接觸到愛爾蘭的歷史和文化，我對都柏林的好奇心拓展到了愛爾蘭全島。翻開歷史，會發現愛爾蘭的命運真是曲折離奇，先後經歷了維京人的入侵、英國人的高壓統治、馬鈴薯飢荒、連獨立後仍紛擾不斷，但波折的歷史更凸顯了愛爾蘭人的堅強，至今他們自己的文化跟語言仍完整地保留下來，成為豐富的觀光資產。這座綠草如茵的翡翠島孕育了無數的文學作品和精采絕倫的神話傳說，也是樂壇傳奇 U2 和西城男孩的故鄉。認識了這些人文的層面，更令小貓想實際認識這個獨特的國家、獨特的民族，但昂貴的機票與物價卻使我望之卻步，總覺得要畢業後好幾年才能存夠錢吧。

大學畢業後，小貓開始從事英文翻譯的工作，並利用空檔到旅費比較負擔得起的日本自助旅行，也寫了一些遊記，並以〈日本關西：你不能錯過的自然美景〉這篇遊記獲得 SARAcares 部落格遊記大賞。有一回下榻京都的一家青年旅館，無意中認識了來自愛爾蘭的女孩 Grainne（葛蘭雅），我倆一拍即合，吱吱喳喳地聊了整晚。Grainne 的家鄉是愛爾蘭中部的 Longford 郡，村子裡只有幾百位居民，大學剛畢業的她決定出國拓

展視野，於是先到南韓的小學教英文半年，再展開長達好幾個月的亞洲自助旅行，而日本剛好是她的第一站。

　　一方面是受到這位愛爾蘭女孩冒險的勇氣所激勵，一方面也意識到「再等下去，夢想永遠不會實現」，我開始認真規劃前往愛爾蘭的行程。這也是小貓第一次獨自出國旅遊，從訂機票、找旅館、研究交通方式、決定要去哪些景點都一手包辦，乍看之下似乎很有挑戰性，但我卻發現只要有心，願意付諸行動去實現夢想，就會有無限的機會為你敞開，就像色彩繽紛的都柏林門一樣，每位願意打開這扇門的旅客都會獲得獨一無二的回憶。這份專屬於你的回憶，別人永遠無法完全體會你在旅途上得到的感動。

　　飛機抵達都柏林的那一刻，小貓真的非常想要尖叫，經過多年來的嚮往，終於踏上這塊浪漫又神祕的土地了（但我最後忍住了，因為不想大老遠飛來還被遣送回國）。在這趟兩個多禮拜的旅程當中，不只更認識了愛爾蘭，認識我自己，更深深體認到夢想並非遙不可及，我們需要的只是踏出第一步的勇氣。愛爾蘭，其實沒那麼遙遠，連小貓這種大學畢業沒多久、沒多少存款、從來沒去過的歐洲的小丫頭都能輕鬆攻略，這本書也會根據我自己的第一手經驗，教大家如何第一次玩愛爾蘭就上手。

　　本書中會由海鷗兄弟帶讀者一起旅遊：擅長查資料的哥哥露斯（右）與淘氣又好奇的弟弟比斯（左）雖然時常鬥嘴，卻是旅途上的好搭檔。海鷗是愛爾蘭隨處可見的鳥類，身材圓滾滾，很有個性，也很貪吃，常常跟在遊客身邊等食物。現在就跟著海鷗兄弟一起暢遊愛爾蘭吧！

PART 1

前備
行準

出發！機票、入境一次搞懂

一次搞懂愛爾蘭簽證

自 2009 年起，臺灣人前往愛爾蘭旅遊 90 天內免申請簽證（包含短期遊學與洽商），不用事先申請任何文件，真的省下了不少金錢與準備的功夫。不過在機場通關時，還是要出示相關文件，證明自己真的是來愛爾蘭旅遊，沒有非法工作的打算，至於要有哪些文件，並沒有嚴格規定，主要是回程機票以及旅館的訂房紀錄。

不過，愛爾蘭屬於歐盟國家，而歐盟自 2018 年 10 月起宣布，2021 年起將實施電子簽證措施，必須先至歐盟旅行資訊及許可系統（European Travel Information and Authorisation System, ETIAS）申請電子旅遊許可。相關規定可能隨時更動，記得在規劃行程時先查詢清楚，並以外交部官網的資料為主。

選擇航空公司和轉機

愛爾蘭有三個國際機場，分別是都柏林機場（Dublin Airport）、科克機場（Cork Airport）與香儂機場（Shannon Airport）。幾乎所有旅客都會選擇從都柏林機場進出，因為航線最多、航班最密集，本章的介紹也會以都柏林機場為主。但如果主要行程集中於愛爾蘭的南部和西部，也可以考慮利用另外兩座機場作進出。

目前從臺灣到愛爾蘭沒有直飛的班機,通常需要由阿姆斯特丹或倫敦轉機一次。強烈建議不要選擇需轉機兩次的路線,因為太浪費時間了,通常也不會比較便宜。小貓是搭乘荷蘭皇家航空(KLM)從臺北飛到阿姆斯特丹,飛行時間約 13 小時,再從阿姆斯特丹飛往都柏林,這趟航程約 1 小時半。

如果想要省錢,可以在第二段航程,也就是歐洲主要城市到都柏林這段選擇瑞安航空(Ryanair)或易捷航空(Easy Jet)等廉價航空,不過廉價航通常不提供退票或改票,這方面的規定需要特別留意。許多廉價航空公司要求旅客事先印好登機證,如果要登機時才請航空公司櫃檯代為列印,可能會被收取高額的手續費。同時廉價航空對託運行李也有較嚴格的規範,所以訂機票時也要把這些額外費用算進去。

轉機時間建議至少留一小時半,因為大型國際機場光是要走到不同航廈就很花時間,寧可多花點時間等待也不要趕班機,況且機場裡隨時可以買食物,也有不少休息區和充電座(這是最重要的啊!)。

在飛機上與愛爾蘭初次見面

輕鬆過海關

　　外國人抵達愛爾蘭的機場後，需要分成「歐盟國」（EU Countries）與「非歐盟國」（Non-EU Countries）兩個隊伍等候通關，這是因為歐盟國成員的旅客不需回答任何問題，只要出示護照即可通關，而非歐盟國則會比較嚴格。由於臺灣不是歐盟國成員，所以自然要排「非歐盟國」的隊伍，來自美國和加拿大的旅客也是。記得要先去洗手間再來排隊，因為非歐盟的旅客入境要排比較久，如果中途離開又得重新排隊了。

　　入境愛爾蘭有一件事要特別注意，那就是防狼噴霧屬於違法武器，是不能帶進愛爾蘭的，切記不要攜帶，以免被拒絕入關甚至要負擔法律責任（雖然海關通常只是沒收，但還是別掉以輕心）。其實愛爾蘭是相當安全的國家，不需要特別擔心治安問題。

　　雖然臺灣人可以免簽證入境，但海關還是會要求出示一些文件，不外乎回程機票、旅館訂房紀錄，沒有這兩樣的話看起來會非常可疑，比較難入境。此外，有事先預訂一日遊（day trip）或博物館門票的話，也可以印下來佐證，一看就很清楚是來旅遊。臺灣人前往歐盟國家旅遊可以申請申根保險，有申請的話記得攜帶英文版的保險證明，有時海關會詢問是否有辦旅遊險。

海關常問的問題

　　以下是在都柏林機場通關時，海關人員問小貓的所有問題。事先知道大概會問那些資訊，就不會緊張囉。

❶ 你是從哪個國家來的？

Which country were you from?

❷ 你來愛爾蘭的目的是什麼？

What's the purpose of your visit?

❸ 你在愛爾蘭旅遊後，下一個目的地是哪裡？

What's your next stop after Ireland?

❹ 你有回程機票嗎？

Do you have your return ticket with you?

❺ 這是你第一次來愛爾蘭嗎？

Is this your first time visiting Ireland?

❻ 你希望在愛爾蘭可以看到哪些東西？

What do you wish to see in Ireland?

這題可以回答你的旅程重點，例如<u>想去看莫赫懸崖</u>

I want to visit the Cliffs of Moher.

或是<u>對愛爾蘭的歷史和文化有興趣</u>

I'm interested in Ireland's history and culture.

❼ 除了都柏林，你還計畫去哪些城市？

What are some cities you're planning to visit besides Dublin?

❽ 你會住在哪一家旅館？有訂房資料嗎？

Which hotel will you be staying in? Do you have the booking record?

❾ 你有預訂任何旅遊行程嗎？有沒有證據／資料？

Have you booked any tour? And do you have proof for that?

❿ 你在臺灣是做什麼工作的？

What do you do in Taiwan?

建議攜帶的入境文件

☑ 回程機票。
☑ 旅館訂房證明。
☑ 博物館／景點的預先訂票證明。
☑ Day trip 預訂證明。
☑ 保險證明。

從都柏林機場到市區的交通

　　都柏林機場位於市區東北方的郊區，開車到市區大約只要 20 分鐘，最方便的交通工具是藍色車身的 Airlink Express Bus（簡稱 Airlink Express）。機場大廳的遊客服務中心有販賣車票，一趟 7 歐元，有些旅館的櫃檯也可以買到 Airlink Express 的車票。買車票時會同時拿到一張 DM，上面有公車的路線圖，選擇離自己的旅館最近的地點下車即可，車上也有大型的行李架。如果趕時間也可以搭乘計程車，費用當然就貴很多，從機場到市區 O'Connell Street 大約要 25 歐元，所以不趕時間的話還是搭 Airlink Express 吧。

搭乘 Airlink Express
往返機場和市區相
當便利

PART 2

認識
愛爾蘭

秒懂愛爾蘭

　　愛爾蘭豐富的歷史和文化，三天三夜也講不完，但是要前往愛爾蘭旅遊，你只需要知道這五件事就綽綽有餘囉！

愛爾蘭在哪裡？

　　愛爾蘭的全名是愛爾蘭共和國（Republic of Ireland），位於西歐的最邊緣，跟英國隔海相望。跟臺灣一樣，愛爾蘭是個島國，不過面積約為70,383 平方公里，幾乎是臺灣的兩倍。臺灣的形狀比較狹長像地瓜，愛爾蘭從東部到西部比較寬，形狀有點像馬鈴薯。首都是都柏林（Dublin），位於愛爾蘭的北方，物價跟英國差不多，算是歐洲國家裡物價偏高的國家。全國分為 26 個郡（county），北愛爾蘭則有 6 個郡，目前屬於英國領土，首府為貝爾法斯特（Belfast）。

愛爾蘭共和國的三色國旗，左邊的綠色代表天主教徒，右邊的橘色代表新教徒，中間的白色則代表中立與和平，這是每個愛爾蘭人心中最深的渴望

愛爾蘭的地形基本上很平坦，最高峰是位於西南部凱里郡（County Kerry）的卡朗圖厄爾山（Carrauntoohil），標高 1,038 公尺。連最高峰都只有 1,038 公尺，加上終年豐富的雨水滋潤，可見這個國家非常適合農耕和畜牧業。愛爾蘭出產優質的乳製品和農產品，而且隨處可見翠綠的田園風光，因此雖然看不到雄偉的山脈，但以居住和旅行來說卻是非常便利而舒適的國家。

愛爾蘭？北愛爾蘭？傻傻分不清楚

簡單來說，在 20 世紀以前並沒有所謂的「愛爾蘭」或「北愛爾蘭」。當愛爾蘭在 20 世紀初爭取自治權（1922 年到 1937 年之間，這段時期的名稱為愛爾蘭自由邦（Irish Free Stete）），以及到 1949 年正式獨立時，最北方的 6 個省份因為政治與宗教因素選擇繼續由英國政權統治，因而另稱為「北愛爾蘭」。愛爾蘭的宗教信仰以天主教為主，北愛爾蘭則主要信奉新教。

小貓在出發前往都柏林之際，有朋友問我：「去愛爾蘭旅遊安全嗎？為什麼聽說以前有爆炸案？」

其實在 1970、1980 年代，曾有幾個激進團體主張以暴力手段達成政治目的，例如部署炸藥波及無辜的平民，期望能藉此引起政府與媒體的注意。這些組織當中以天主教的 IRA（Irish Republican Army，愛爾蘭共和軍）與新教的 UDA（The Ulster Defence Association，阿爾斯特防衛協會）為代表，彼此鬥爭。民眾對這些激進組織的反對聲浪日益高漲，發跡於都柏林的 U2 樂團也在〈Like A Song〉的歌詞中寫道「Angry words won't stop the fight.Two wrongs won't make it right.」（憤怒的話語無法平息紛爭，一連串的錯誤無法帶來正義）。

貝爾法斯特市區的彩繪，象徵不同派系之間斷開枷鎖，彼此尊重

　　不過，英國政府、愛爾蘭政府與這些激進組織於 1998 年簽署了《貝爾法斯特協議》（Belfast Agreement），協議內容包含上述團體交出所有軍事武器、兩方人民與貨物可自由進出國界，不須像以前要花兩小時通過海關檢查，兩方人民也可自行決定要加入哪個國籍。自從簽署這份合約後，愛爾蘭已經恢復了和平，完全不需要擔心，簽署的當天剛好是耶穌受難日，因此也稱為《受難日協議》（Good Friday Agreement）

　　小貓在都柏林認識了一位導遊 Noel，專門負責從都柏林前往北愛爾蘭的導覽行程，他也有一些親戚居住在北愛爾蘭。Noel 感慨地說：「其實大部分人都不在乎誰是天主教徒，誰是新教徒，誰是愛爾蘭人，誰又是北愛爾蘭人，我們只想要和平過生活。」

愛爾蘭使用哪種語言呢？

　　愛爾蘭的官方語言為英語和蓋爾語（Gaelic），英語是他們的母語，所以溝通完全不會有問題。蓋爾語又稱愛爾蘭語（Irish），是凱爾特民族本身的語言，就像臺灣人除了說中文，也廣泛使用臺語。在英國統治期間，傳統的愛爾蘭文化受到打壓，許多人只會講英語，卻不會講蓋爾語。幸好二十世紀初發起了凱爾特文化復甦活動，蓋爾語再度受到重視，並列入小學到高中的必修課程。

　　蓋爾語乍聽之下有點像德文，兩者都是比較古老的歐洲語言，不像英文在近代經歷了許多演變。愛爾蘭全國的路標都會同時以蓋爾語和英語書寫，蓋爾語會在上方，英語則在下一行，凸顯蓋爾語是愛爾蘭引以為傲的母語。關於蓋爾語和愛爾蘭俚語的介紹，請參考 P.183〈別怕！愛爾蘭俚語懶人包〉。

都柏林郊區 DART 區間車上的標語「請勿把腳放在椅子上，否則會罰款 50 歐元」上方為蓋爾語，下方為英語

愛爾蘭使用哪種貨幣？

　　愛爾蘭自從 2002 年起就全面使用歐元，不再使用原本的愛爾蘭幣。雖然愛爾蘭的主要貿易伙伴為英國，在英國不能使用歐元，在愛爾蘭也不能使用英鎊。此外，在英國很盛行的旅行支票，到了愛爾蘭卻不太普遍，連身為首都的都柏林都只有兩處兌換地點，這點需要稍微留意一下。

　　愛爾蘭是最早加入歐盟的國家之一，對於他們這種規模不大的國家而言，加入歐盟帶來了許多貿易上的優勢。都柏林也在 2004 年成為歐洲第一個無菸城市，辦公室、酒吧與餐廳等公共場所都全面禁菸，是歐洲近幾年來進步神速的小國之一。

美國運通旅行支票（American Express Travellers Cheques）都柏林兌換地點
1. 1 O'Connell Street Lower, 1 Dublin, Ireland
2. 118 Grafton Street, 2 Dublin, Ireland

何時最適合造訪愛爾蘭呢？

　　現在就出發！對臺灣遊客來說，每年 5 ～ 8 月是天氣最舒適的季節，平均氣溫較高、降雨機率較低，但淡季的交通費與旅館都比較便宜，參觀熱門景點也不需要久候，可以依照個人的旅遊偏好選擇要在哪個月分前往。只要避開聖誕節（12 月 25 日）到 1 月 1 日這幾天即可，因為大部分的博物館和設施都不會開放喔。

　　如果喜歡參與熱鬧的節慶，也可以考慮將行程安排在 3 月 17 日左右，這是愛爾蘭的重要節日聖派翠克節（St. Patrick's Day），慶祝將基督教傳入愛爾蘭的聖徒派翠克，同時也是他們的國慶日，全國都會有派對和各種慶祝活動。慶祝聖派翠克節時通常會穿綠色服裝，並且以有三片葉子的酢漿草（shamrock）象徵基督教的三位一體教義。此外，酢漿草也象徵好運，還可以食用喔。

全國交通攻略：火車篇

　　都柏林市區的大眾運輸非常便利，要去愛爾蘭其他地區也很方便，主要的交通方式為火車與客運。通常火車的票價會比較貴一點，但舒適度與速度也優於客運，可以自行衡量。要訂購愛爾蘭的火車票，請先前往 Irish Rail 官網（irishrail.ie），首頁就可搜尋班次。這次示範的行程是都柏林到高威市（Galway）。都柏林有好幾個火車站，此處以規模最大、最多旅客使用的休斯敦車站（Heuston）示範，高威則只有一座火車站 Galway（Ceannt）。

　　選擇好起程站與到達站後，記得點選人數，這次示範購買一張全票（1 adult）。接著勾選單程票或回程票，並選擇兩者的日期與時間。如果希望一大早就出發，選擇「Before 10 AM」，就只會查詢到早上 10 點以前出發的班次。底下還可勾選輪椅座位「Wheelchair users」，「Seat only reservation」則是代表不販售站票，一律都有座位。攜帶單車的旅客可以勾選「Show bike availability」，就會顯示可以放腳踏車的空位。都選好以後點選橘色的「GO」，進入第二個步驟。

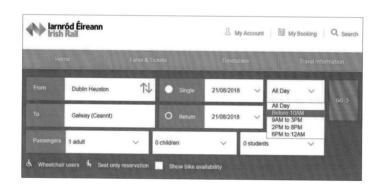

　　前往高威市要特別注意一件事情，那就是從都柏林出發只有 Heuston 車站才有往高威市的火車，但是在訂票時你還是可以選擇康諾利（Connolly）等車站，很多旅客會誤以為可以直接從 Connolly 車站搭乘。其實這是指你可以憑這張火車票免費從 Connolly 搭輕軌（Luas）到 Heuston Station，不用另外購買輕軌的票，但是火車還是要在 Heuston 搭乘，Connolly Station 是完全找不到往高威市的月臺的。建議大家訂車票時直接選擇 Dublin Heuston 出發，才不會搞混。

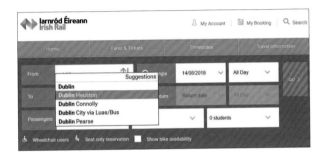

　　點選「GO」以後，就要選擇搭乘哪一班火車，別忘了先確認日期是否正確，圖中綠色框框就是這次選擇的搭乘日期（8 ／ 23）。都柏林到高威所需時間大約為 2 小時 30 分鐘，這天最早的班次是 7：35 從都柏林出發，抵達高威的時間為 10：08。每個班次都分為 3 種票價，價錢最便宜的 Low 不可換票、第二便宜的是 Semi Flexible，可以更改搭乘時間，但會收手續費，票價最高的 Flexible 則可免費換票與退票，而且可以搭乘當日的任何班次。小貓選擇的是中等票價的 Semi Flexible。

由於是購買當天的來回票，請將畫面往下拉，以同樣的方式選擇回程的班次，記得回程不要訂太早的時間，才有充分的觀光時間。圖中的示範選擇17：20從高威出發的火車，回到都柏林是19：54。

來回的班次都選擇好以後，拉到畫面最下方，點選橘色的「BOOK TICKETS」（訂票）。

下一個畫面要選擇電腦劃位（Automatic Seat Selection）或手動選座位（Manual Seat Selection），兩種都是免費的，因此小貓決定自己選座位。

畫面的右邊可先選擇車廂,同時也會顯示剩下幾個座位可以選。選好車廂以後,藍色或打叉的座位是不能選的,其他白色座位都能任意選擇。如果需要放置腳踏車或無障礙車位,請選第三節車廂。將滑鼠移到想要的座位上,出現綠框就可以點一下。

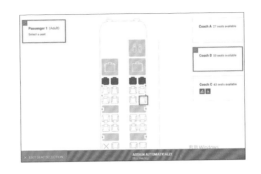

只要座位上顯示號碼,就代表已選擇成功,這時請點選右下角橘色的「NEXT LEG」進入下個步驟。

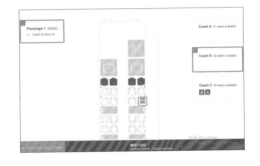

因為是買來回車票,因此按同樣步驟選擇回程的座位。如果想更改去程的座位,可以點選下方綠色的「PREVIOUS LEG」就可回前頁。來回座位都選好後,請點選下方橘色的「CONFIRM SEAT SELECTION」(確認座位)。

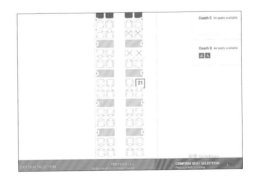

下一個步驟會詢問你是否要攜帶腳踏車，有的話別忘了去程和回程都要打勾喔。接著請點選右下角橘色的「SKIP」進入下個步驟。

接下來會詢問你是否為 Irish Rail 的會員，通常臺灣旅客都不是會員，直接點選右邊的「PROCEED AS GUEST」（以訪客身分繼續）即可。

加油，快完成了！請填寫旅客資料。手機號碼（Mobile No.）要記得加上臺灣國碼＋886（加號也要打出來）。

畫面往下一點，會顯示取票方式只有一種，就是在火車站的機器取票。這裡的乘客資訊（Passenger Details）會直接帶入上方輸入的資訊，不用再另外填寫。如果你希望多一點隱私，可以勾選「I do not want my name(s) displayed over my seat(s). Display my booking number instead！」這樣一來，座位上就只會顯示訂位號碼，不會寫出乘客的姓名。確認輸入內容無誤後，請點選右下角橘色的「NEXT STEP」。

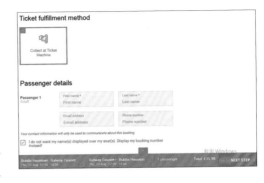

最後一個步驟就是付款，這次的來回車票票價為 35.98 歐元。右邊的「Voucher code」欄位是要輸入優惠代碼，沒有的話可直接忽略。輸入完信用卡資料，別忘了勾選最下面的同意使用條款，這時右下角會出現「PAY NOW」，點選後就完成付款訂票囉。

班次資訊會寄到填寫的電子信箱，請務必檢查日期、時間與乘客姓名都正確。左側「Outward」是去程，右邊「Return」是回程的資訊。

Email 裡也會有取票資訊，請列印或儲存在手機上。火車站都有取票／購票的機器，只要輸入取票號碼（Ticket Collection Number，圖中「854」開頭這排數字），就可以把實際的車票列印出來。請注意，Email 的資訊只供取票使用，不能當作車票使用，搭車前請一定要取票，而且車票只能列印一次。底下的 Booking reference 則是訂票號碼，是要改票或退票時會用到的。

取票後會有兩張，第一張是火車票，第二張是收據。上車前只要將火車票出示給工作人員看即可。在愛爾蘭搭乘火車的方式與臺灣大同小異，先在車站大廳看跑馬燈，找到正確的月臺即可上車。火車上都有免費的 Wi-Fi 與充電插座，相當便利。

火車票

收據

全國交通攻略：客運篇

在愛爾蘭不同的城市之間移動，除了火車外也可搭乘客運，雖然比較花時間，但票價比火車稍微便宜一些，班次也更密集。都柏林主要的客運站有 Heuston、Connolly、半分橋（Ha'penny Bridge）、都柏林機場和 Busaras 等，可以事先研究哪個車站離你的旅館比較近，再進行訂票。

這次會以都柏林 Busaras 站到科克市（Cork）的單程票作為訂票示範。最多人搭乘的客運公司為國營的 Bus Eireann，首先到官網（buseireann.ie）搜尋班次。如果要到科克市區，可以選擇第一個「Cork（Bus Station-Parnell Place）」，這是科克的主要轉運站。

單程票請選「Single」，接著選擇日期、時間與人數，並點選紅色的「Search」開始搜尋。

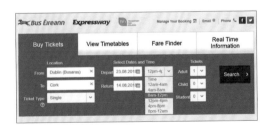

這是搜尋後的畫面，先大致瀏覽發車時間與票價，目前顯示的票價都相同。「Route」代表的是走哪條國道，每班都是走 X8，「Change」顯示 0 代表中途不需要轉車。我們先選擇 10：00 出發的班次，點一下「Info」的紅色圓形標誌，可以查看更多資訊。

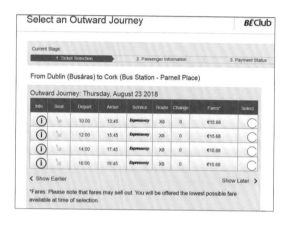

點選「Info」後可以看到行車時間為 3 小時 45 分鐘。10：00 從都柏林的 Busaras 發車後，會經過 Heuston 車站，這裡也列出了抵達科克市之前會停留的城鎮與時間。如果想購買這個班次的車票，就在右邊「Select」白色的圈圈內點一下。

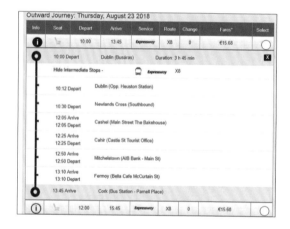

點完白色圈圈後，右側會顯示乘車資訊，請仔細確認日期、時間與上下車的車站都正確，再點選紅色的「Continue to Checkout」。如果還要買別的車票，則點選灰色框框「Add Another Ticket」。

　　下一個步驟是填寫乘客資料，電子郵件（E-mail address）一定要寫對，才能收到班次的相關資訊。底下有兩個打勾的選項，第一個使用者條款一定要勾，第二個是詢問是否想收到相關的優惠資訊，可以不用勾。完成後就點選右下角紅色的「Confirm and Pay」。

　　最後一個步驟是付款，先在右上角國家的選項選「Taiwan」，再選擇要付款的信用卡種類。

　　輸入信用卡資訊後，點選右下角的「Pay Now」就完成訂票了。

接著登入電子信箱，會收到一封像這樣的確認信，最上面的「Order Number」是訂位代碼，改票或訂票會用到。信件的第四欄有「Mac Number」（訂位代號），請將這一頁列印出來或存在手機上，搭車時要給司機看。

Dear Ms Juilin Chen

Your order was processed successfully..

Order Number: 08NNG3

Total cost of your order: €26.60

PLEASE PRINT OUT THIS E-MAIL **OR DISPLAY ON YOUR MOBILE DEVICE AND PRESENT TO THE BUS DRIVER WHEN YOU TRAVEL. YOU MUST PRESENT THIS E-MAIL** OTHERWISE TICKET CANNOT BE ISSUED. NB: PLEASE KEEP YOUR MAC NUMBERS CONFIDENTIAL.

Customers purchasing return/10 Journey tickets should note that the ticket issued by the Bus Driver should be retained for your return journey.

訂票確認信

YOUR TICKET DETAILS
TO PRESENT TO DRIVER

From:
Dublin (Busáras) - 501

To:
Cork (Bus Station - Parnell Place) - 502

Date:
Departure:
05/6/2018

Mac Numbers:
Departure:
55194127 - Adult Day Return

Passengers:
- Adult Day Return

請在上車時出示 Mac Numbers 給司機看

到達客運站後，會有跑馬燈顯示要在哪個出口（Gate）候車，這次前往科克市是在 Gate6。發車時間快到時直接上車，拿訂位紀錄給司機看，司機會輸入訂位代號並列印收據給你。如果是買來回車票，記得把收據保管好，回程搭車時需要出示給司機看。

客運沒有對號入座，上車後自己找喜歡的位子即可

PART 3

認識
都柏林

愛上都柏林

● 不求完美，卻充滿個性 ●

　　如果每座城市都是一個人，都柏林就像坐在酒吧的一個角落，默默喝著啤酒的中年男子。穿著很平價而隨興的牛仔褲，沒有刻意打扮，但一開口就散發著親切感，完全沒有架子，還有很豐富的人生故事，三天三夜都講不完。

　　小貓對都柏林的第一印象是街道有點髒亂，常可看到菸蒂和垃圾，麥當勞門口散落著吃完的紙盒和紙袋，常有海鷗來覓食。但這其實反映了都柏林隨興的一面，都柏林人不拘小節、講求彈性，不特別在意形象和小細節。這種個性也可以從他們愛闖紅燈的習慣看出來：都柏林人都是左顧右盼，確定沒車後就闖過去了，反而汽車還比較會遵守交通規則，行人則是很隨興地過馬路。小貓剛來的第一天覺得很傻眼，但過沒多久也開始入境隨俗了，因為只有觀光客會乖乖等紅燈，總覺得有點尷尬啊。

都柏林，充滿故事的城市

　　都柏林這個字的意思是「黑水潭」（black pool），這是因為古代利菲河（River Liffey）上游有一處水很深的水潭，是一座天然良港，當時統治都柏林的維京人會逆流而上，將船隻停泊在此作為貿易的據點。現在水潭和一部分的支流已經變為地下水，而原先的黑水潭的位置就在都柏林城堡後方的 Linn Garden，參觀城堡時可別錯過了。都柏林城堡的詳細介紹請參考 P.54〈都柏林城堡（Dublin Castle）〉。

　　都柏林的歷史融合了凱爾特人、維京人、諾曼人等不同的文化，所以市區裡到處都是古蹟。這些古蹟不見得是教堂或城堡，有些其實就是年代久遠的酒吧或學校，像小貓曾經造訪一家將近兩百年歷史的酒吧，文豪王爾德（Oscar Wilde）年輕時甚至在那裡打工，但要不是有當地朋友介紹，一般觀光客也不會察覺。生活與歷史融為一體，這就是都柏林的魅力之一，越用心去認識它的歷史，就會有越多的驚喜。近年來由於關稅優惠，加上同樣使用英語為官方語言，愛爾蘭吸引了 Google、Facebook 等國際企業來此投資，正好帶動了愛爾蘭的經濟發展。都柏林也有許多來自歐洲各國的移民，走在街上可以聽到各種語言，在歐洲也算是人口結構較年輕的城市。所以都柏林雖然是古都，卻充滿了年輕的氣息。

上：都柏林的名稱由來「都柏林城堡後方的花園」
下：街頭隨處可見紅磚建築、各種顏色的大門與拱門設計

超完備觀光資源

　　不想花太多時間規劃的懶人們有福了，因為都柏林市是一座觀光資源非常完備的城市，有各種套裝行程可以選擇。首先是各種 day trip 行程，只要在市區集合上遊覽車，就可以遊覽愛爾蘭各地的熱門景點，完全不用擔心交通問題，還能天天住在都柏林，省下換旅館、打包行李的麻煩。

　　此外，都柏林市區還有免費的徒步導覽行程（free walking tour），可以讓旅客在很短的時間內認識都柏林。這種徒步導覽行程通常會與青年旅館合作，在旅館大廳集合後一起出發，也可以中途加入。導遊會沿路分享都柏林有趣的歷史和文化，時間大約兩小時，最後解散前可以給導遊一點小費。導覽行程也可以搭配穿梭於都柏林市區的雙層公車 Hop On ／ Hop Off Bus，車上有導覽。只要購買搭車卡，就能於 72 小時內隨時上下車，不限次數，還有搭配健力士酒廠等熱門景點的折扣。Free walking tour 和 Hop On ／ Hop Off Bus 的優惠方案分成很多種，可以在都柏林機場的遊客中心詢問，青年旅館的櫃檯通常也能提供很多實用的建議喔。

復古造型的垃圾桶

交通便利超好懂

　　雖然貴為首都，但都柏林少了大型都市的擁擠，交通方式更是非常容易理解，小貓抵達的第二天就可以在市區趴趴走了。首先來認識市區：都柏林的市區一般是指第一區（District 1）和第二區（District 2），以利菲河作為分界。利菲河以北是第一區，以南是第二區。大尖塔（The Spire）和最大條的街道 O'Connell Street 位於第一區，三一學院（Trinity College）與酒吧林立的 Temple Bar 地區則位於第二區。

　　幾乎所有的景點都集中在這兩區，所以徒步就能抵達。如果逛累了，都柏林也有班次相當密集的輕軌和公車。大眾運輸的詳細介紹請見 P.40〈行遍都柏林：靠著 Leap Card 趴趴走〉。

都柏林常見的喬治亞風格建築；這棟建築是曾出現在短篇故事集《都柏林人》當中的 King's Inn

都柏林，以人為中心的城市

　　愛爾蘭最具有代表性的作家喬伊斯（James Joyce）曾說：「我寫作的主題總是圍繞著都柏林，因為只要我能摸透都柏林的核心，我就能認識全世界的每一座城市。都柏林這座小城市，就是宇宙的縮影。」（For myself, I always write about Dublin, because if I can get to the heart of Dublin I can get to the heart of all the cities of the world. In the particular is contained the universal.）

　　喬伊斯的故事總是圍繞著都柏林，而身為一個旅人，其實我也成了都柏林故事的一部分。這座城市的魅力不是來自富麗堂皇的建築，而是來自這裡的居民，他們的隨興與幽默感，以及他們經歷了無數的考驗，卻依然能將都柏林打造成觀光重鎮的堅忍與毅力。小貓每次造訪當地的商店或酒吧，都會纏著當地人詢問都柏林的歷史與文化，你也別害羞，每個都柏林人都有精彩的故事可以分享喔。

祕密都柏林

● 利菲河的 5 個祕密 ●

　　大部分城市的興起都與河流有關，都柏林也不例外，而這條河流正是利菲河，名稱來自蓋爾語（愛爾蘭語）的「Liphe」即生命（Life）的意思。由於利菲河是將市中心一分為二的分界線，小貓幾乎每天都會穿越這條河，也學到許多關於這條河的趣聞。

1 以前曾經是臭水溝

　　利菲河底部容易淤積泥沙，以前曾經因泥沙淤積而產生臭味，作家艾瑞斯・梅鐸（Iris Murdoch）甚至不客氣地說：「見識過利菲河的人，看到再髒的河流都不會驚訝。」（No man who has faced the Liffey can be appalled by the dirt of another river.）不過利菲河跟高雄愛河一樣，早已進行整治工程，不再散發難聞的氣味，天氣好的時候更是散步和騎單車的好去處。

2 半分橋的由來

　　利菲河上最具代表性的橋梁是半分橋，狹窄的橋身設計充滿了復古味，是明信片上的常客。半分橋的名稱是由「half a penny」（半個便士）演變來的，因為以前過橋時都要繳交半個便士的過路費，類似今天搭捷運要刷捷運卡的概念，所以才產生這個暱稱。好消息是現在過橋不用收費了，每天都可以不限次數走過這座古色古香的小橋，體驗一下百年前生活在都柏林的光景。

夏天的早晨，金色的陽光照耀半分橋

3 河上到底有幾座橋？

利菲河上大大小小的橋共有 24 座，其中只有半分橋、Farmleigh Bridge、Millennium Bridge 以及 Sean O Casey Bridge 這 4 座只開放給行人通行，稱為「Pedestrian Bridges」。此外在 2003 年，為了紀念文豪喬伊斯而新建了 James Joyce Bridge。來到利菲河不妨沿著河邊散步，仔細欣賞每座橋的設計吧。

4 你也喝過利菲河的河水！

從海關大樓（Custom House）可以眺望利菲河下游的景致

都柏林市區大部分的自來水取自利菲河的河水，再經過一連串的淨水程序，就成了市民可以直接生飲的飲用水與日常用水；因此不用擔心需要另外花錢買礦泉水。為了體貼對自來水敬畏三分的觀光客，很多青年旅館會在水龍頭設置過濾器（飲水機這玩意兒小貓在愛爾蘭還真的沒看過），這下就可以更放心地喝了。

5 英勇的流浪漢

2011 年 7 月，有一位路人惡作劇將流浪漢 John Byrne 的寵物兔子 Bernie 從 O'Connell Bridge 橋上丟進河裡。John 當著幾百人面前，毫不猶豫地跳進河裡搶救兔子。但好不容易救起了兔子，他卻被困在橋墩底下無法上岸，只好等待消防人員開著小艇前來救援。這段搶救兔子的影片在網路上爆紅（可至 Youtube 搜尋「Man rescues pet rabbit from River Liffey」），事後狠心的肇事者被捕，John 獲得政府表揚，甚至在動物收容所得到一份工作，可說是都柏林街頭最美的一段故事。順帶一提，O'Connell Bridge 是利菲河上規模最大的橋，也是少數有電車通過的橋梁喔。如果想拍攝半分橋的景致可從這座橋上找到最佳的角度。

行遍都柏林

● 靠著 Leap Card 趴趴走 ●

都柏林的大眾運輸非常便利，主要的交通工具分為公車、輕軌與類似火車的區間車 DART（全名為 Dublin Area Rapid Express，都柏林地區快車）。在詳細介紹這三種交通工具之前，我們先來認識超方便的 Leap Card，只要有這張，就可以在都柏林趴趴走了！

什麼是 Leap Card？

Leap Card 類似臺灣的悠遊卡或一卡通，公車（Hop On／Hop Off Bus 以及其他特殊巴士遊程除外）、輕軌與 DART 都可以搭乘，乘客可視個人需要儲值。Leap Card 又分為當地人常用的 Leap Card 和專為觀光客設計的 Leap Visitor Card。Leap Visitor Card 可於限定期間內不限次數搭乘，分為 1 天、3 天、7 天三種。至於要買哪一種，完全視旅遊規劃而定。舉例來說，除了參觀都柏林還有拜訪其他城市外，住宿的旅館靠近市區，步行到各景點都很便利，不一定每天都要搭乘大眾運輸的話，購買一般的 Leap Card 來儲值會比較划算。

左：Leap Card 正面，有一隻跳躍的青蛙，色彩則選用代表愛爾蘭的綠色（左下角為卡號）
右：Leap Card 背面

Leap Card 哪裡買？

如果是一般的 Leap Card，都柏林街頭的許多超商、雜貨店都可以購買以及儲值。除了到店家儲值，也可直接於輕軌月臺使用機器儲值，但是月臺無法購買卡片。如果購買 Leap Visitor Card，可以免費搭乘往返機場與市區之間的巴士，不須另外購票。

Leap Visitor Card 的主要販售地點

- 都柏林機場第 1 航廈：巴士與旅遊資訊中心（Bus &Travel Information Desk）
- 都柏林機場第 2 航廈：Spar 超市
- 都柏林公車總站：59 Upper O'Connell Street, Dublin 1, Ireland
- 遊客中心1：Discover Ireland Centre, 14 Upper OConnell Street, Dublin 1, Ireland
- 遊客中心 2：Visit Dublin Centre, 25 Suffolk Street, Dublin 2, Ireland
- Easons Busaras 車站：Store Street, Bereford Place, Dublin 1, Ireland
- Easons Heuston 車站：8 St John's Road West, Dublin 8, Ireland

各種 Leap Card 的價錢與使用規定

假如買了 1day 的 Leap Visitor Card，但後來決定在都柏林多待幾天，也可以加購天數，例如加購 3days，同一張卡就可連續使用 4 天。加購次數的最高上限為 5 次，輕軌月臺上任何儲值機器都可以加購。

Leap Card 類型		購買金額	使用規定
一般 Leap Card		5 歐元	第一次至少要儲值 10 歐元，之後每次儲值的最低金額則為 5 歐元。
Leap Visitor Card	1day（24 小時）	10 歐元	不限搭乘次數，期限過後即無法使用。
	3days（72 小時）	19.5 歐元	
	7days（168 小時）	40 歐元	

都柏林的大眾運輸

輕軌

　　知道如何使用 Leap Card 後，我們就來研究超級便利的輕軌如何搭乘吧！ Tram 是所有電車的通稱，Luas 則專指都柏林市區的輕軌系統，Luas（發音類似噢阿斯）在愛爾蘭語中是速度的意思。Luas 目前分為紅線和綠線，紅線大致為東西向，綠線則以南北向為主，兩條路線都會穿越市中心。

　　Luas 與高雄市的輕軌系統非常相似，車廂為透明設計，沿路可以欣賞街景。上車前先在月臺上刷一下 Leap Card 或購買單程票，下車後再刷一次即可。輕軌停車時門不會自動打開，需要上下車時按一下門中間的按鈕。在月臺候車時，會顯示等候時間以及這班輕軌的終點站，因此出國前可以先熟悉一下幾個終點站的名稱，到時搭車就會非常輕鬆了。

輕軌路線圖

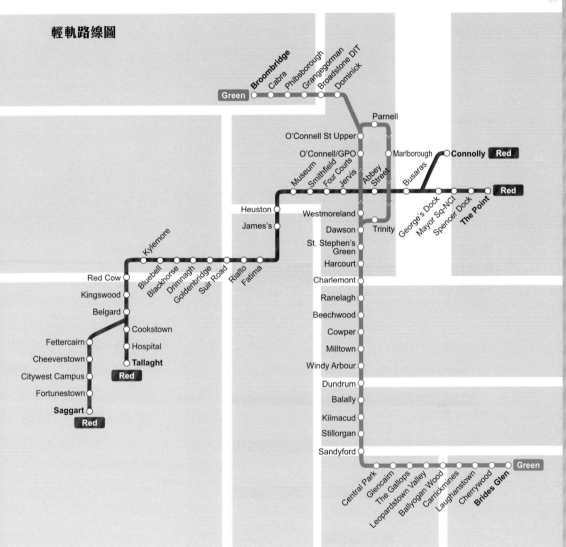

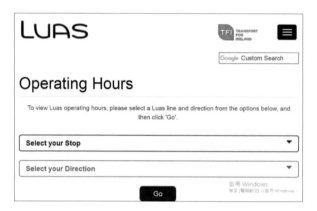

週末時輕軌的班次不若平常日密集，可以先上 Luas 官網（luas.ie/operating-hours.html）確認首班車與末班車的時間。查詢的頁面如左圖，只要選擇出發的車站與前往的方向即可。

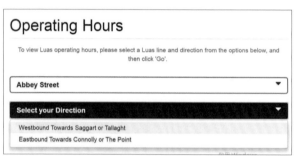

例如從 Abbey Street 要前往 Heuston Station 搭火車，就選擇往 Saggart 或 Tallaght 方向。

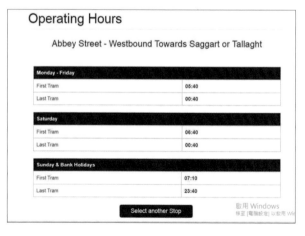

這時網站就會顯示不同日期的首末班車時間。

公車

　　都柏林的公車非常便利，平均十到十五分鐘就有一班車。上車時將 Leap Card 放在司機座位旁的機器上感應，司機會詢問你要到哪一站，這是為了知道要扣多少車費，扣款完成後司機會告知可以移開卡片了，下車時不需再刷一次卡。都柏林的公車多為雙層設計，建議坐在上層視野更好，而且車頂不像倫敦的雙層公車是露天設計，下雨天也不怕。別忘了，愛爾蘭靠左行駛，因此等公車時別搞錯方向囉。

上：公車上層的絕佳視野
下：三一學院附近的公車站牌：7b、7d、11 等數字代表有在此停靠的公車路線

DART，穿梭於郊區的綠色小火車

　　DART 車廂與座位從頭到腳都是代表愛爾蘭的草綠色，相當醒目，搭乘方式就像臺灣的區間車。DART 主要有兩條路線，一條往北，一條往南，沿著都柏林郊區海濱鋪設，是郊區散步的最佳交通選擇。DART 行經市區時為高架橋路線，郊區則是像一般火車的鐵軌。進出車站時刷卡，與在臺灣搭乘火車或捷運的方式相同。若在 Connolly 車站搭乘，火車站與 DART 車站是合併在一起的，只是月臺不同，DART 月臺在刷卡進站後左手邊，順著指標走即可。

DART 的綠色車廂

　　DART 路線上的主要景點，往北為都柏林人週末最愛前往的 Howth 半島，往南有優美帆船港 Dún Laoghaire、許多名人居住的小村莊 Dalkey 及以海灘聞名的 Bray 等。

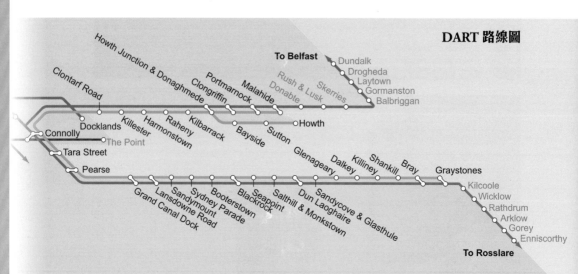

DART 路線圖

綠色路線為 DART 區間車的行駛路線

PART 4

都柏林
七大自助
旅遊路線

對於喜愛歷史和老建築的人來說，都柏林是絕佳的尋寶地點，而且並不是只能參觀教堂，這裡還有城堡、舊監獄等充滿故事的古蹟，連郵局都大有來頭喔。

舊海關大樓（Custom House）
鮮為人知的歷史祕境

從都柏林機場搭公車前往青年旅館時，這棟綠色圓頂的建築立刻吸引了小貓的注意，心想該不會是一座宮殿吧？反正就在市中心，我帶著尋寶的心情來一探究竟，原來這是都柏林的舊海關大樓，現在開放給民眾參觀，而且完全免費。不只建築很壯觀，裡面也有一些很精采的展覽，介紹這棟建築滄桑的歷史。

1916 年復活節起義（Easter Rising）期間，愛爾蘭民兵曾占據海關大樓並挾持裡面的英國官員做為人質，但英國立刻動員了大量兵力前往鎮壓，這次的反抗行動只經過幾天就宣告失敗。後來在 1921 年的愛爾蘭獨立戰爭中，海關大樓又慘遭祝融，大火過後花了很長一段時間才重建完成，恢復莊嚴的面貌。

舊海關大樓位於繁忙的市中心，緊鄰利菲河河畔

內部展示詳細地介紹了海關大樓的建築師 James Gandon 的生平，他設計了很多有名的愛爾蘭建築，像是 Four Courts 和 King's Inn 相似，因此這些建築都有著方正的格局與新古典風格。海關大樓共有兩層樓，很少遊客知道這個地方，因此逛起來非常悠閒，還可以眺望利菲河的景色。

舊海關大樓（Custom House）
⚑ Custom House Quay, 1 Dublin, Ireland
🕐 每年 3 月 17 日到 9 月 30 日每天開放，開放時間為 10：00 到 16：30
💲 免費
💻 housing.gov.ie/corporate/1916-2016-centenary-programme/custom-house-visitor-centre
🚌 鄰近的輕軌車站為 Busaras（紅線），下車後穿越小公園就是海關大樓的後院，要繞到前面由大門進出。也可搭乘 DART 在 Tara Street 下車，再過橋走過來。

愛爾蘭的建國象徵：總郵局

總郵局（General Post Office）
復活節起義的軍事總部

　　走在市中心最主要的馬路 O'Connell Street，一定
會看到這幢雄偉的建築，它不只是郵局，也是歷史古
蹟，更是愛爾蘭建國的重要象徵喔。1916 年 4 月 24 日，
復活節起義的領導人派屈克·皮爾斯（Patrick Pearse）
在郵局門口宣讀愛爾蘭獨立宣言，起義活動就起展開，
並以總郵局為愛爾蘭人民軍的軍事總部。後來在英國軍
隊鎮壓的過程中，總郵局的建築幾乎完全燒毀，到了
1929 年才進行重建。

來到總郵局，可以欣賞建築內外細膩而典雅的設計，郵局裡也附設一座小博物館，幫助民眾與觀光客更了解總郵局的歷史。郵局裡有兩種郵筒：僅限都柏林地區（Dublin Only）與都柏林以外的所有地區，包含國外（All Places Except Dublin），如果跟小貓一樣有寄明信片的習慣，不妨來這裡買郵票、直接在郵局裡投遞明信片，為你的明信片增添一絲歷史氣息吧！

左：Dublin Only
右：All Places Except Dublin

總郵局（**General Post Office**）
🚩 General Post Office, O'Connell Street Lower, Dublin 1, Ireland
🕐 星期一到星期六 10：00 到 17：00
💲 免費，若參觀小博物館則為 2 歐元
💻 anpost.ie/AnPost/History＋and＋Heritage/Home
🚌 鄰近的輕軌車站為 O'Connell─GPO 站（紅線），下車就到囉。
　　站名的 GPO 就是 General Post Office 的縮寫。

　　總郵局前方有個醒目的地標─都柏林尖塔，這座塔的前身是尼爾森塔（Nelson's Tower）。1966 年的一場爆炸事件摧毀了尼爾森塔，之後才改建這座更有現代感的都柏林尖塔。當地的華人暱稱尖塔為「大柱子」，由於造型非常好認，又剛好位於市中心，很多朋友見面都會選擇約在這個地方，保證一定找的到人！

都柏林尖塔

都柏林城堡（Dublin Castle）
市區裡就有浪漫古堡

　　想參觀浪漫的古堡，完全不需要長途跋涉，因為擁有八百年歷史的都柏林城堡就位於市中心，真的應證了都柏林「麻雀雖小，五臟俱全」。這座古堡一向是都柏林的政治中心，《吸血鬼德古拉》的作者布萊姆‧斯托克（Bram Stoker）也曾任職於此，在古堡陰鬱的氣氛中寫出了成名作。都柏林城堡最初是來自英國威爾斯的諾曼人擊敗維京人後，為了防守都柏林所建立的碉堡，後來演變為英國統治期間的辦公地點。

　　參觀都柏林城堡可選擇是否參加導覽，參加導覽的話可以進入所有建築中最古老的塔樓，導遊也會分享有趣的歷史故事，非常建議花點小錢報名導覽。與其說是城堡，內部的空間設計其實更像宮殿，擁有金碧輝煌的大廳。自 1938 年起，愛爾蘭的歷屆總統就職典禮都在這裡舉辦。除了參觀建築與認識歷史，城堡內不定期舉辦各種展覽，可以順道參觀。小貓造訪期間剛好在展出愛爾蘭本土畫家的油畫，可以看到栩栩如生的畫作，呈現愛爾蘭的鄉村景觀。

金碧輝煌的城堡大廳

上：從熱鬧的酒吧區 Temple Bar 穿越兩條街，就來到都柏林城堡囉
下：百花盛開的 Linn Garden

參觀完城堡，千萬別錯過後面的小花園（Dublin Linn Garden），這座小花園大有來頭，它可是都柏林這個名稱的由來喔。當年城堡剛建好時，利菲河的河面比現在寬闊許多，利菲河與另一條河流 River Poddle 在此處匯流，形成一座很深的黑水潭，而 Dublin 的名稱就來自蓋爾語的「Dubh Linn」（黑水潭）。

當年維京人會在黑水潭停泊船隻，進行貿易，而現在 River Poddle 大部分的地方已經流入地下，原本黑水潭的位置就是現在的圓形草坪，上方還裝飾了傳統的凱爾特紋飾。花園裡的花草與小徑設計都充滿了巧思，當地人也喜歡來這裡散步，是個鬧中取靜的好地點。花園的開放時間沒有限制，可以逛完城堡再過來。

Linn Garden 的草地上裝飾著凱爾特紋飾

　　城堡裡還有一座小小的警察博物館，千萬別錯過了。它的位置很不起眼，就在 Dame Street 的城堡入口進來後，禮品店的旁邊。

　　警察博物館雖然空間不大，但展示的內容很有趣，可以了解愛爾蘭警察制度的歷史沿革。在愛爾蘭，警察不叫 Police，而叫做 Garda（同樣也是來自蓋爾語），所以警察博物館的英文是 Garda Museum，不是 Police Museum 喔。創立現代警察制度時，正逢蓋爾語（愛爾蘭語）的推廣運動盛行，剛獨立的愛爾蘭人想強調本土意識，因此選擇以 Garda 作為名稱。警察博物館免費入場，不過開放時間只有星期一到五早上 10 點到下午 2 點，記得把握時間參觀。

禮品店旁邊的小走廊，擺放著古老的盔甲，盔甲身後就是警察博物館的入口

都柏林城堡（Dublin Castle）

🏳 Dublin Castle, Dame Street, 2 Dublin, Ireland

🕐 除了 12 月 25 至 27 日、1 月 1 日以外，全年無休。開放時間為
9：45 到 17：45（最後入場時間為 17：15）。請特別注意，警
察博物館（Garda Museum）的開放時間為 10：00 到 14：00，
週末休館

💲 分為有導覽（guided tour）與無導覽（self-guiding）兩種票價。
導覽時間約為 70 分鐘。
1. 有導覽（guided tour）：全票 10 歐元、敬老票／學生票 8 歐元、
兒童票（12-17 歲）4 歐元、家庭票（最多 2 位家長 +5 位小孩）
24 歐元
2. 無導覽（self-guiding）：全票 7 歐元、敬老票／學生票 6 歐元、
兒童票（12-17 歲）3 歐元、家庭票（最多 2 位家長 +5 位小孩）
17 歐元

🖥 www.dublincastle.ie

🚌 鄰近的輕軌車站為 Trinity（綠線），下車後走過來大約 10 分鐘。
此外也有很多班公車可以到達，搭乘 9、14、15、15A、15B、
16、65、68、83、122、140 號公車請在 George's Street 下車，
搭乘 13、27、40、49、54A、56A、77A、123、150、151、747
號公車則在 Dame Street 下車。

看到這個牌子就代表
警察博物館有開放喔

監獄博物館（**Kilmainham Gaol**）
見證活生生的歷史

「這是我第一次進到監獄欸……希望也是最後一次！」我心裡這麼想著，帶著一絲緊張的情緒走進氣氛嚴肅的法庭。陸續抵達的其他遊客也只敢小聲交談，彷彿上了腳鐐手銬的犯人隨時會被押進來，一場決定生死的審判即將展開……其實，我們正在等待導覽開始。為了維護建築，監獄博物館不開放自由參觀，必須報名時間約 90 分鐘的導覽，每團導覽的人數上限為 35 人。雖然可以現場報名，但這是都柏林最熱門的景點之一，建議事先報名才不會白跑一趟喔。

小貓的導覽員是年輕又親切的 Cara，她用講故事的方式生動地介紹監獄的歷史： 這座監獄建於 1792年，當時的監牢是男人、女人甚至兒童都關在一起，空間超級狹窄，飲食與衛生情況都很惡劣，時常有犯人因為傳染病而死去。這裡是 1916 年復活節起義失敗後，幾位領袖被處決的地方，也是《吹動大麥的風》（The Wind That Shakes the Barley）等多部電影的拍攝地點。

Cara 帶我們一一參觀不同年代所興建的牢房、執行槍決的庭院與監獄裡附設的小博物館，雖然導覽是用英文進行的，單字有點難度，但 Cara 總是會保留一些時間讓大家發問。小貓趕緊把握機會問了困擾我很久的問題：「這座博物館的名字到底要怎麼唸啊？」

上：牢房可以入內參觀
下左：監獄的建築保存相當完整，彷彿穿越時空走進歷史
下右：早年愛爾蘭的物資缺乏，許多人只因為偷了蔬果或麵包，就必須面臨好幾個月的監禁

原來監獄博物館（Kilmainham Gaol）的 Kilmainham 是這個社區的地名，Gaol 為愛爾蘭文，發音與意思都與英文的 jail（監獄）相同。Kilmainham 的發音類似「kill may ham」，聽起來好像「kill my ham」（殺了我的火腿），這樣就好記多了。

大部分牢房的門都是打開的，可以自由入內參觀，想像當年囚犯的生活。Cara 唯一的要求是：千萬別惡作劇，把同行的朋友鎖在牢房內，否則精彩的愛爾蘭之旅就要變成監獄驚魂記啦。

相當受遊客歡迎的健力士博物館（Guinness Storehouse）也在附近，步行約 20 分鐘，因此小貓將兩個景點安排在同一天，參觀完嚴肅的監獄再去認識愛爾蘭國民飲料的釀造方式，轉換一下心情。

監獄博物館（Kilmainham Gaol）

🚩 Inchicore Road, Kilmainham, Dublin 8, Ireland

🕐 12 月 24 至 26 日公休，其餘時間每天開放。4 月、5 月、9 月的開放時間為 9：00 到 18：00。6 到 8 月的開放時間為 9：00 到 19：00。10 月到隔年 3 月的開放時間則是 9：30 到 17：30

💲 現場購票全票 9 歐元、敬老票 7 歐元、學生票／兒童票 5 歐元、家庭票 23 歐元；網路購票全票 8 歐元、敬老票 6 歐元、學生票／兒童票 4 歐元、家庭票 20 歐元

💻 kilmainhamgaolmuseum.ie

🚌 鄰近的輕軌車站為 Suir Road （紅線），下車後越過小河直走大約 10 分鐘，監獄就會出現在你的左手邊。也可以搭乘 69 號、79 號、13 號或 40 號公車。

都柏林

● 親子共遊路線 ●

　　帶著小孩旅遊的人，到愛爾蘭和大部分歐洲國家可能都有一個困擾，那就是大部分景點都是教堂和古蹟，小朋友通常都興致缺缺。不過都柏林有幾個適合親子同樂的景點，可以安插在爸比媽咪的人文歷史行程當中，就不用每次都去麥當勞哄小孩囉。當然，這些景點也很受大人歡迎，並不限於兒童參觀。

都柏林動物園（Dublin Zoo）

　　動物園絕對是大小朋友心目中第一名的景點，而都柏林動物園就位於占地寬廣的綠地 Phoenix Park 當中，很適合安排一日遊或半日遊。雖然動物園本身歷史悠久，1831 年就開幕了，但設備很現代化、動物的活動空間蠻大的，可以看到動物健康快樂的模樣，而不是被關在狹小的空間。小貓到很多城市都喜歡逛動物園，而都柏林動物園令我印象深刻的是園區裡有很多座位和販賣飲料、冰淇淋的攤販，隨時可以坐下來歇一會兒，不會逛到筋疲力盡，是一座逛起來很舒服的動物園。

　　園區規劃主要分為亞洲動物區、非洲動物區、南美雨林動物區、爬蟲動物區、靈長類世界（也就是各種猩猩猴子，小朋友很喜歡跟牠們互動）等，最受歡迎的動物則是企鵝和海獅。也有可愛的「家庭農場」（Family

Farm），讓小朋友認識綿羊、山羊等常見的家畜，並觀察擠牛奶的過程，許多小孩都會流連忘返。此外，2018 年 8 月剛誕生了一群紅鶴寶寶，讓原本數量就達將近 90 隻的紅鶴家族又更熱鬧了。

　　動物園每天都有餵食海獅等動物的時段，工作人員也會進行導覽介紹。不過有時會因動物的健康狀況而臨時取消，爸媽可以先上官網確認，讓這趟旅程更豐富且具有教育意義。

上：動物園裡的企鵝完全不怕生，走起路來搖搖擺擺的模樣相當逗趣
下：天氣好的時候，動物都會在戶外曬太陽，看看這些犀牛一家大小慵懶的模樣，是不是也符合你旅途上的心情呢？

不只動物的生活空間很舒適，動物園還在一些牆面上印了與動物或大自然主題相關的詩句，有的內容發人深省，有些則充滿童趣，像家庭農場牆上的這首詩〈The Sparrow〉（麻雀）完全以吱吱喳喳的鳥叫聲〈chirp〉構成整首詩，令人會心一笑。動物園的巧思也展現在洗手間外面的等候區；這裡設置了一個展示箱，陳列各種動物的糞便標本與介紹，快來猜猜看，這是哪種動物的糞便呢？

都柏林動物園將「寓教於樂」的理念發展到極致

都柏林動物園（Dublin Zoo）
📍 Phoenix Park, Dublin 8, Ireland
🕐 1 月的開放時間為 9：30 到 16：30，3 到 9 月的開放時間為 9：30 到 18：00，2 和 10 月的開放時間為 9：30 到 17：00，11 和 12 月的開放時間則是 9：30 到 16：00。最後入場時間一律為閉館前 30 分鐘。除了 12 月 24 日、3 月 17 日以外，全年無休
💲 全票 18 歐元（線上購票 17.5 歐元）、學生票／敬老票 14 歐元（線上購票 13.5 歐元）、兒童（3 到 16 歲）13.2 歐元（線上購票 13 歐元）、3 歲以下兒童免費入場、家庭票（2 位大人 +2 位兒童）51 歐元（線上購票 49 歐元）、家庭票（2 位大人 +3 位兒童）55 歐元（線上購票 53 歐元）、家庭票（2 位大人 +4 位兒童）59 歐元（線上購票 57 歐元）

• 線上購票還享有折扣。付費完成後門票會寄到你的電子信箱，只要將門票列印下來或拿手機出示給售票人員看即可。購票方式為點選首頁上方的「Visitor Info」，再點選第三個選項「Buy Tickets Online」。

牆上的詩句充滿了童趣

- 點選「Buy Tickets Online」
  後,選擇左邊的「Buy Daily
  Tickets」即可。如果想知道
  當天各種動物的餵食與導覽
  時間,從首頁點選「Daily
  Activities and Talks」就可以
  查詢。訂票完別忘了登入電
  子信箱確認喔!

🖥 dublinzoo.ie
🚌 附近沒有輕軌車站,不過可以
  搭乘 25、26、46A、66、66A、
  66B、67、69 號公車

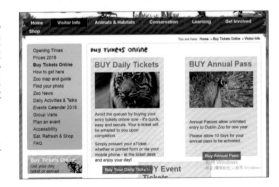

國立植物園
的每間溫室
都蘊藏著無
限的驚喜

國立植物園（National Botanic Garden）

　　國立植物園位於都柏林市區的西北方，擁有面積廣
大的綠地、池塘、玫瑰花園等設施，而且免費入園，很
適合親子同樂。園區內有好幾座頗具規模的溫室，分為
仙人掌區、亞洲竹林區、熱帶水果區、歐洲花卉等區域，
進到每一座溫室都像來到另一個世界，散落著精心設計
的噴泉、涼亭，非常心曠神怡。每一區都有生動的介紹
牌，讓參觀者了解每種植物的特性，如果想更進一步學
習還可以報名導覽，只要 5 歐元。

　　除了室內的溫室，園區內也有位於戶外的玫瑰園、
松樹林等，常有民眾坐在戶外悠閒地看書、寫生或陪孩
子玩耍，入口處也有咖啡簡餐廳，肚子餓了隨時可以飽
餐一頓。植物園不定期舉辦各種有趣的活動，例如將不
同顏色的鬱金香種植成名人肖像、番茄培育大賽、彩繪
萬聖節南瓜與科學週等活動。

每走進一個溫
室，就像進入了
另一個世界

國立植物園（National Botanic Garden）

🏴 National Botanic Gardens, Glasnevin, Dublin 9

🕐 每天早上 9：00 到 17：00

💲 免費入場。星期一到星期六早上 11：30 到下午 17：00 之間有
　 導覽，每人 5 歐元。星期天的導覽是免費的，時間為 12：00 到
　 14：30

🖥 botanicgardens.ie

🚌 附近沒有輕軌車站，不過可以搭乘 4 號、9 號或 83 號公車。

綠精靈博物館（National Leprechaun Museum）

　　愛爾蘭是充滿傳說的國度，在維京人與諾曼人（英國人）來到這座島嶼之前，島上的凱爾特民族就有世代流傳的神話，其中最有名的是性格淘氣的綠精靈（leprechaun，又稱綠妖精）。綠精靈博物館其實比較像一座故事館，參觀者不是自行觀看靜態的展覽，而是由館員引導參觀精心布置的房間，一面講述愛爾蘭的傳說故事，是非常特別的體驗。

　　綠精靈博物館位於市區，從輕軌 Jervis 車站一下車就會看到了，地點超級方便。仔細看大門上的圖案，會發現是一個人在彩虹邊收集金幣的圖像，因為傳說中綠精靈在彩虹的另一端藏了一大桶黃金，並且會想盡辦法避免黃金被人類拿走。來到博物館的訪客一律都會參加導覽行程，如果怕額滿的話可以事先上網購票，當場告知售票人員訂票編號即可。

看到這個標誌，就代表你即將走進愛爾蘭的傳說故事當中囉

　　綠精靈之所以在愛爾蘭的傳說故事中特別有名氣，是因為他們的形象矮小而喜歡惡作劇，但卻不是很邪惡的生物，反而帶點樸拙的喜感。以往很多愛爾蘭人因為生活貧困而移民美國，大量的移民潮威脅到其他美國人的工作，引起美國社會的反感，就像以前華人和日本移民受到排擠一樣。但愛爾蘭節慶與近代美國電影中出現的綠精靈，對改善愛爾蘭移民的形象大有助益，使大家間接體認到愛爾蘭人的友善與幽默，進而提升了美國社會對愛爾蘭移民的包容度。

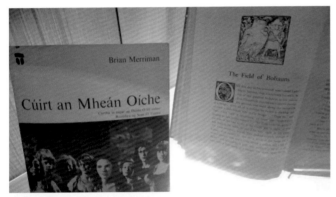

各種與綠精靈相關的文學作品

說故事的行程會以介紹綠精靈作為開頭，以及遠古巨人、被繼母下咒語變成天鵝的四位兄弟姊妹等故事。小貓印象最深刻的擺設是巨人的房間，遊客可以爬上巨大的沙發和椅子上拍照，體驗闖進巨人房屋的緊張刺激感。這裡看似沒有出路，其實壁爐後方設計了隱密的隧道，可以從隧道「逃出去」喔。

　　博物館不算大，說故事導覽時間約為 50 分鐘，但所有空間都經過巧妙的設計，例如撥開簾子就能聽見音樂的彩虹走廊，以及模擬在黑夜中閃閃發光的古井，讓觀眾可以輕易走進故事情節當中。連緊急逃生門也充滿了巧思，彷彿童話故事裡的小木屋大門。

左：小木屋造型的逃生門
右：請同行的朋友扶你一把，爬上巨人的座椅，體驗一下巨人的居家生活吧

博物館也會介紹比較黑暗的傳說生物，例如報喪女巫（Banshee）與會掉包嬰兒的妖精（Fairy）。傳說中只要夜裡聽到報喪女巫的哭泣，就代表附近將有人死去。報喪女巫的形象通常為穿著白衣或灰衣，有著白色的長髮。妖精則是長相與人類無異，傳說中他們會偷走人類的嬰兒，並且把自己的小孩放在搖籃裡掉包。愛爾蘭人也相信妖精會住在一些樹下，這些樹被稱為 Fairy Tree，通常開發農地或鋪設道路時都會避開這些樹，以免觸犯了妖精。

因為有這些神祕的故事與精彩的聲光效果，綠精靈博物館的官網特別列出 6 歲以下孩童不適合參觀，可能會嚇到年紀太小的小朋友，所以請爸比媽咪特別留意這點喔。

綠精靈博物館（National Leprechaun Museum）

⚐ Jervis Street, Dublin 1, Ireland

🕐 導覽時間為每天 11：00 到 17：00 之間，整點開始，時間約 50 分鐘。星期天增加 17：30 的導覽場次

💲 全票 16 歐元、學生票／敬老票 14 歐元、家庭票（2 位大人 +2 位小孩）44 歐元、兒童票（6 歲到 17 歲）10 歐元

💻 leprechaunmuseum.ie

🚌 鄰近的輕軌車站為 Jervis（紅線），下車就會看到博物館了。

都柏林

● 酒吧美食路線 ●

酒吧裡的愛爾蘭風情

生性樂天的愛爾蘭人三天兩頭就往酒吧跑，許多酒吧從中午就開始營業，不只是休閒的場所，許多人也會在酒吧享用簡單的午餐，食物往往比餐廳還便宜一些。目前光是都柏林就有六百多間登記營業的酒吧。此外，可以參加許多青年旅館推出 Pub Crawl 活動，也就是在導遊帶領之下，於同一晚造訪好幾間酒吧，只須購買一張門票就能享用各種飲料。由於是團體行動，對於獨自旅遊又想體驗愛爾蘭風情的女性來說是極為安心的選擇。Pub Crawl 主要分為兩種，一種純粹提供年輕人跑趴認識朋友的機會，另一種則包含文化導覽，會參觀都柏林最古老的幾間酒吧並介紹相關歷史。

都柏林的心臟：酒吧區（Temple Bar）

提到都柏林的夜生活與酒吧文化，絕對不能不提 Temple Bar。都柏林人口中的 Temple Bar 是指利菲河以南直到 Dame Street 的這個區域。這一帶保存了許多歷史建築，而且酒吧林立，是體驗夜生活與欣賞傳統音

Temple Bar 色彩繽紛的建築與旗幟

樂舞蹈表演的好去處。中世紀時 Temple Bar 地區位於
古城牆外，後來沒落一段時間，直到 1980 年代才經歷
了大改造，復興這個社區的文化與觀光。由於是城市裡
最古老的區域之一，到處都是曲折蜿蜒的石子路，巷弄
裡常有臨時的展覽或街頭藝人表演，處處都是驚喜。

The Brazen Head——愛爾蘭最古老的酒吧

　　若在都柏林停留的時間有限，只能造訪一間酒吧，官方認證愛爾蘭最古老的酒吧 The Brazen Head 絕對是首選。The Brazen Head 建於 1198 年，最初為驛站，後來拓展為餐廳和酒吧。愛爾蘭代表文豪喬伊斯、《格列佛遊記》作者強納森‧史威夫特（Jonathan Swift）與歌手范‧莫里森（Van Morrison）等人都曾是這裡的常客。每天晚上這裡都會有現場的音樂演出，星期天 15：30 至 18：30 之間更有樂團伴奏，開放給任何喜愛音樂的顧客高歌一曲。

　　除了體驗傳統音樂，The Brazen Head 另一項特色為傳說故事晚餐（Folklore and Storytelling dinner），由專業的說書人講述愛爾蘭的神話與民間傳說，搭配現場音樂伴奏，顧客可同時享用清燉羊肉等愛爾蘭傳統美食。全程以英文進行，需事先於網站預約。

　　從拱門入口進來是酒吧的中庭，有如走入另一個時空，豎立著奇特的盔甲和路標裝飾，彷彿隨時會有小歇片刻的旅人牽著馬匹走出來。此處為吸菸區，許多顧客會先付費後把啤酒帶出來喝。室內也有許多座位，為非吸菸區。

上：酒吧入口處展示著各項認證與「愛爾蘭最古老的酒吧」標誌
下：酒吧的中庭有復古的盔甲與路標裝飾

除了來愛爾蘭必喝的健力士啤酒，店裡的餐點CP值也很高，官網上特別強調肉類與海鮮食材都選用愛爾蘭本地的產品，餐點內容會不定期更換，造訪前可先上網確認。這次小貓點了分量非常大的清蒸淡菜，加了牛奶和切丁的shallot（類似紅蔥頭）烹煮的淡菜相當鮮甜，一大鍋吃起來很過癮，擠上檸檬汁更是清爽！淡菜最道地的吃法是直接用手吃，鍋蓋倒過來就可以放殼。不過餐廳還是會附上刀叉，怕弄髒手的話就用刀叉吃吧。

　　小貓用餐到一半，一位剛點了健力士啤酒的美國人走回吧檯，似乎對酒杯上面太多泡沫有點不滿，他以幽默的口吻說：「I'm from the States, this is how we pour the Guinness.」，言下之意是在美國喝到的健力士偷工減料，泡沫太多，在原產國喝的應該要更貨真價實。我心想酒保不會生氣嗎？沒想到他二話不說地接過酒杯，又幫美國佬倒了一點啤酒，臉上依然面帶微笑，果然是性格爽朗的愛爾蘭人。

新鮮美味的清蒸淡菜

The Brazen Head
📍 20 Bridge Street Lower, Dublin 8
💻 brazenhead.com
🚌 鄰近的輕軌車站為 Four Courts （紅線）

The Kennedy's—王爾德的學生時代

The Kennedy's 就在三一學院旁邊，是學生下課後常聚集的場所，觀光客較少，但是地理位置也很方便，店內氣氛悠閒，適合想安靜放鬆時造訪。如果先參觀三一學院，從東南邊的側門（College Park 草坪旁邊那個）出來就會看到位於三角路口的 The Kennedy's。

空間寬敞明亮的 Kennedy's Bar 來頭也不小，從 1850 年就創立了，老闆在紐約還擁有 11 間餐廳或酒吧，深諳經營之道。服務生大多為三一學院的學生，陰鬱才子王爾德當年也曾在此打工，喝一杯後可以順道去 Merrion Square 公園跟他打個招呼。

此外，酒吧斜對面的小店 Sweny 是《尤里西斯》（Ulysses）小說中布盧姆（Leopold Bloom）購買檸檬香皂的地點，現在演變為書店與文藝推廣中心，老闆 PJ 也是 Kennedy's Bar 的常客。PJ 說，每當有外地人詢問推薦的酒吧，他總是會推薦 Kennedy's，因為已經光顧了幾十年，對餐點的品質很滿意，才敢放心推薦給別人。小貓也是在 PJ 的推薦下來到這裡，享用了一碗美味的蔬菜湯。加了馬鈴薯的湯底很濃郁，附上的麵包也很紮實，非常有飽足感。

吧檯後方展示著各種威士忌酒瓶與創始年 1850 字樣

The Kennedy's Bar and Restaurant
- 30 - 32 Westland Row, Dublin 2. Ireland
- kennedyspub.ie
- 鄰近的輕軌車站為 Trinity 或 Dawson（兩者都是綠線，Trinity 靠近三一學院正門，Dawson 靠近三一學院南邊），下車後步行約 5 分鐘。

The Stag's Head──便宜又大碗的炸魚薯條

　　歷史悠久，食物價格合理，可以吃到美味且大分量的炸魚薯條，適合三五好友一起分享。通常非常擁擠，但平常日中午時段有機會享受比較悠閒的用餐時光。每週五和週六晚上 10 點有現場音樂演奏，有時也會舉辦喜劇或烏克麗麗表演，是體驗夜生活的好去處。

The Stag's Head
- 1 Dame Court, Dame Street, Dublin 1, Ireland
- stagshead.ie
- 鄰近的輕軌車站為 Trinity（綠線），下車後大約走 10 分鐘

廣受年輕人青睞的 O'Donoghue's Bar

跟 Stag's Head 一樣是歷史悠久且有現場演奏的酒吧。這是美國歌手布魯斯·史普林斯汀（Bruce Springsteen）在都柏林最愛的酒吧，不過大部分人是衝著他們道地的愛爾蘭燉肉來的，不妨點來試試。地點靠近 St. Stephen's Green 和 Merrion Square，非常方便。有很多大學生與年輕人聚集，在此看表演或球賽轉播，想多認識新朋友的話是個不錯的選擇。

O'Donoghue's Bar

🏳 15 Merrion Row, Dublin 2,Ireland

💻 odonoghues.ie

🚌 鄰近的輕軌車站為 St. Stephen's Green（綠線），下車後大約走 10 分鐘

都柏林精選人氣餐廳

Gallagher's Boxty House─道地的馬鈴薯煎餅

　　馬鈴薯是愛爾蘭人的主食，因此也發展出了獨一無二的馬鈴薯煎餅（boxty），將馬鈴薯刨絲，加入麵粉、奶油與肉類等配菜。Gallagher's Boxty House 使用傳統方式製作 boxty，並研發牛肉、鮭魚、大蒜、蔬菜起司等多種口味的 boxty。店裡也供應各式愛爾蘭燉菜（Irish Stew），可以品嘗道地的愛爾蘭美食。

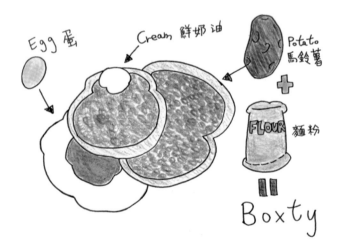

Gallagher's Boxty House
- 20-21 Temple Bar, Dublin 2, Ireland
- boxtyhouse.ie
- 鄰近的輕軌車站為 Jervis（紅線），下車後往南邊走 5 分鐘，過河就會看到 Gallagher's Boxty House 了，地點很靠近半分橋。

Beshof Bros—酥脆炸魚薯條專賣店

　　Beshof Bros 是三代相傳的炸魚薯條連鎖店，目前
在都柏林共有 5 家分店。小貓曾經買過炸魚的麵衣太
軟爛，吃起來口感很怪，但 Beshof Bros 的麵衣炸得很
酥脆，特別爽口，天氣冷的時候點一杯海鮮濃湯也很過
癮。我造訪的是位於 Howth 半島的分店，這家店只提
供外帶，店內沒有座位，不過市中心 Dame Street 的分
店是有座位的。

左：位於 Howth 半島的分店
右：外帶到公園裡野餐也是不錯的選擇，
店家還會免費附贈清爽的塔塔醬

Lovinspoon—享用超豐盛早午餐

　　旅遊時早餐總是要吃飽才有好體力，全天供應早餐和早午餐的 Lovinspoon，隨時可以來飽餐一頓。價格以都柏林而言算平價，分量很大，很多人推薦他們的傳統香腸和黑布丁（類似臺灣的米血），不過他們也提供蛋奶素或全素的餐點，非常貼心。小貓特別喜歡店裡的木質地板裝潢和香濃的咖啡，是在都柏林悠閒用餐的好去處。

1. Beshof Bros
⚑ Howth 分店：12 Harbour Road, Howth, Co. Dublin, Ireland
Clontarf 分店：5 Vernon Avenue, Clontarf, Dublin 3, Ireland
Mespil Road 分店：75 Mespil Road, Dublin 4, Ireland
Dame Street 分店：71 Dame Street, Dublin 2, Ireland
Malahide 分店：New Street Mall, New Street, Malahide,Co. Dublin, Ireland
💻 beshoffbros.com

2. Lovinspoon
⚑ 13 North Fredrick Street, Dublin 1, Ireland
💻 facebook.com/LovinSpoon-193377907339976
🚌 鄰近的輕軌車站為 Parnell（綠線），下車後大約走 6 分鐘。

都柏林

● 靜謐綠地曬太陽路線 ●

　　都柏林市區裡有許多綠地，逛累了隨時可以呼吸新鮮空氣，也是野餐、曬太陽的好去處。小貓選出了最喜歡的幾座公園，在此逐一介紹。

St. Stephen's Green
購物、表演、散步一次滿足

　　St. Stephen's Green 就在都柏林正中心，是市區內面積最大的公園，當地人通常簡稱 Stephen's Green。商店林立的徒步區 Grafton Street 與 Stephen's Green Shopping Centre 購物中心就在附近。公園裡有大片的草坪、兩座湖以及散置各處的雕像，湖裡總是有鴨子和海鷗在戲水。靠海的都柏林到處都能看到海鷗，而且絲毫不怕人，還常在垃圾桶邊找食物。

　　由於位處市中心，Stephen's Green 在 1916 年反抗英國統治的復活節起義期間也扮演重要角色。公園中有一座供樂團演奏的 band stand，外型很像涼亭，當年這其實是臨時的醫護站，受傷的愛爾蘭士兵會被送來這裡包紮。

公園一角的雕塑則呈現過往愛爾蘭飢荒的情景，當時有許多人甚至故意犯罪，因為被關在監牢裡至少不會餓死，雖然這段悲慘的時期已經過去了，但街頭仍有很多雕塑幫助人們記得這段歷史。

上：Stephen's Green 的湖畔洋溢著日式庭院風情
下：紀念飢荒的雕像

公園對面的 Stephen's Green Shopping Centre 購物中心，原本是 U2 樂團初次登臺表演場地 Danedelion Market。雖然市場在 1981 年關閉，改建為現在的購物中心，這個地段依然可以見到許多街頭藝人表演。如果看到喜歡的表演，別忘了給一些打賞金，這對剛發跡的歌手和藝術家是莫大的鼓勵喔。

St. Stephen's Green
🚈 鄰近的輕軌車站為 St. Stephen's Green（綠線），下車就是囉！

Merrion Square
跟王爾德一起吸收芬多精

　　比起占地廣大的 Stephen's Green，Merrion Square 面積稍微小一點，附近的環境也比較偏向住宅區。公園內綠意盎然，很適合安靜讀書、沉澱心情。公園內迎面就看到奧斯卡·王爾德的雕像，這是小貓在都柏林最愛的一座雕像，因為有別於一般雕像的一本正經，Oscar 嫵媚地（不對，是瀟灑自在地）躺在岩石上，姿勢和表情真的很生動，彷彿隨時會開口說話一般。

　　你可能會發現 Merrion Square 和 Stephen's Green 四周都有類似柵欄的圍牆，以及好幾個隨時開放的入口。這是因為都柏林主要的公園以前都是私人的，只有附近的居民可以自由進出，後來才開放給所有民眾使用。

　　都柏林最早的市中心位於利菲河以北 Henrietta Street 和 King's Inn Park 一帶，直到貴族倫斯特公爵（Duke of Leinster）在現今的 Merrion Square 附近建設宅邸，吸引許多貴族跟進，才帶動利菲河以南的發展。王爾德出生的宅邸就在公園對面，可惜目前做為學術研究使用，暫時不對外開放。

Merrion Square
🚌 鄰近的輕軌車站為 Dawson（綠線，下車大約走 12 分鐘），或搭乘 DART 到 Pearse Station 下車，走過來大約 10 分鐘。

來到 Merrion Square，記得跟王爾德打聲招呼

Phoenix Park
都柏林版的中央公園

　　Phoenix Park 是都柏林占地最廣的公園，幾乎是紐約中央公園的兩倍大，但為什麼要把公園蓋得這麼大呢？其實這裡以前是貴族的狩獵場，放養了許多鹿群，所以空間才會這麼大。公園內也包含了總統官邸、古老的城牆與農舍遺跡，甚至還有一座動物園，都柏林的警察總部（Garda HQ）也在旁邊。

　　至於為什麼叫 Phoenix Park（鳳凰公園）呢？其實跟鳳凰一點關係也沒有，「Phoenix」是從愛爾蘭語（蓋爾語）Fionn Uisce（發音似 feenisk）演變而來的，意思是清澈的泉水，也就是根據附近的一座泉水命名的。公園裡找不到鳳凰，但鴿子倒是很多，而且都柏林的鴿子都被養得肥嘟嘟的，非常幸福。

　　雖然 Phoenix Park 離市區比較遠，這麼神奇的地方還是吸引小貓來一探究竟，放眼望去真的是綿延不絕的草地，綠油油的一片！如果想要逛整個公園，建議租一輛單車，會比較輕鬆。公園裡的都柏林動物園十九世紀就成立了，歷史將近兩百年，園區的規劃很用心，值得順道參觀。

位於郊區的 Phoenix Park 擁有占地廣大的綠地與池塘

Phoenix Park

🚌 附近沒有輕軌車站，但有很多班公車可以到，包含從 Merrion Square 發車的 25、25a、25b、26、66、66a、66b、67，以及會經過市中心 Westmoreland Street（三一學院附近）與 OConnell Street 等站的 46a 公車等。

St. Patrick's Park
鐘聲喚起的古老記憶

　　St. Patrick's Park 是聖派翠克教堂（St. Patrick's Cathedral）後方的小公園，教堂只開放參觀到下午 5 點，但公園隨時開放，是廣受當地民眾喜愛的休憩場所。建議可以先參觀教堂，再到後方的公園逛逛。

　　傳說在西元 450 年左右，來自威爾斯的派翠克在愛爾蘭各地傳教，在此地替一些都柏林人受洗。這些最早的信徒放棄凱爾特人的原始宗教，改為信仰基督教。教堂的歷史超過八百年，但因為地勢較低，多次因淹水受損而重建。

　　聖派翠克教堂散發著寧靜而莊嚴的氣氛，如果剛好遇到唱詩班的小朋友練唱，更像是走進了電影場景。雖然是根據天主教聖人派翠克命名，但這裡其實不是天主教堂，而是屬於英國國教（聖公會）的派系，這是因為以前英國統治愛爾蘭的關係。建築本身非常有看頭，而且《格列佛遊記》的作者強納森·史威夫特也安葬於此。不論你是不是天主教徒，都可以在教堂內點一支蠟燭，為家人朋友祈福喔。

鐘塔則建於 1560 年，當時是都柏林最早的公共時鐘

雖然空間不大，St. Patrick's Park 卻散發著悠閒又神祕的氣息

　　小貓在造訪都柏林的第一天來到這座公園，時間已經是傍晚，天色仍亮著，但晚風帶有些微的涼意。許多學生圍坐在草地上聊天、彈吉他，一位中年男子則和全身雪白的梗犬玩球。只見他一直喊著「Oscar！Oscar！Come here！」，不禁好奇狗狗的名字是否取自作家王爾德（Oscar Wilde）。正在思索時，背後大教堂的鐘聲剛好敲響了七下，頓時空氣中繚繞著一絲古老的氣息，似乎在迎接我的到來，也使 St. Patrick's Park 在我心中留下獨特的回憶。

聖派翠克教堂（St. Patrick's Church）

🏳 St Patrick's Close, Wood Quay, Dublin 8, Ireland

🕐

夏季（3～10月）		
星期一到五	星期六	星期天
9：30 到 17：00	9：00 到 17：00	9：00 到 10：30、12：30 到 14：30、16：30 到 18：00

冬季（11～2月）		
星期一到五	星期六	星期天
9：30 到 17：00	9：00 到 18：00	9：00 到 10：30、12：30 到 14：30

💲 全票 7.5 歐元、敬老票／學生票 6.5 歐元、家庭票（2 位家長＋2 位 16 歲以下的兒童）18 歐元

💻 stpatrickscathedral.ie

🚌 附近沒有輕軌車站，但是可以搭乘從 Pearse Street（三一學院附近）發車的 49 號公車或 54a 公車，在 Patrick Street 下車。

都柏林

海洋風情路線

都柏林郊區有許多迷人的海灘和小鎮，不論想看海景、從事水上活動、吃海鮮或單純想遠離市區的喧囂，這些地點都非常適合，而且搭乘 DART 就能抵達。在此依照 DART 的路線，由北到南介紹郊區的三個濱海小鎮。DART 的路線圖可以參考 P.46〈DART，穿梭於郊區的綠色小火車〉。

Howth 半島
都柏林的夏日樂園

Howth 是位於都柏林東北方的半島，擁有豐富的自然景觀，不少市民會來此賞鳥、健行或戲水。Howth 原本是一座純樸的小漁村，近代才逐漸發展成人口較多的聚落。這裡是新生代愛爾蘭演員莎夏‧羅南（Saoirse Ronan）小時候的居住地，也是小說《尤里西斯》中主角布盧姆向 Molly 求婚的地點，充滿了浪漫色彩。

從 DART 車站出來，這條主要道路 Harbour Road 上就會看到廣受歡迎的市集 Howth Market，由當地居民販賣手工藝品、珠寶、手作甜點等商品，是逛街和飽餐一頓的好去處。雖然週末才有市集，但 Howth Market 裡也有幾間商店每天都營業，隨時都可以來挖寶。

Howth 的另一項參觀重點是諾曼時期的古堡 Howth Castle，這是愛爾蘭目前還有人居住的建築當中最古老的一座。如果喜歡大自然，Howth Market 後方有一條通往山頂的小徑，可以通往城堡。一路上綠意盎然、會經過安靜的社區與橄欖球場（rugby field），雖然是上坡路但不會太難走，從山上可以俯瞰整個海灣，景色極佳。可以沿著另一條小徑走到海邊，到人氣小店 Beshof Bros 享用炸魚薯條。

上：Howth Market 的入口
下：從山丘看俯瞰 Howth 半島

Dun Laoghaire
帆船之鄉

　　在都柏林旅遊的其中一天，小貓整天都在逛博物館，傍晚決定到郊區看海透透氣，於是隨興搭上了 DART 區間車。剛好這班車的終點站是以帆船運動聞名的 Dun Laoghaire（發音 Dun Lerry），於是就來 Dun Laoghaire 隨興走走。

　　從 DART 車站出來就會看到帆船俱樂部，可以沿著港邊的堤防散步，觀察形形色色的船隻。雖然這裡能從事的活動沒有 Howth 豐富，但相對的人潮比較少，氣氛更加悠閒，如果不喜歡人多的地方，Dun Laoghaire 是很好的選擇。而且 Dun Laoghaire 離市區很近，從 Connolly 或 Pearse 搭乘 DART 大約只要 20 分鐘。

海面上色彩繽紛的帆船

從 Dun Laoghaire 可以遠眺北方的 Howth 半島

　　DART 車站附近還有一座免費參觀的喬伊斯博物館
（James Joyce Tower and Museum），博物館本身是
一座建於 19 世紀初的圓形塔樓，喬伊斯本人曾因造訪
朋友在這裡度過幾夜，這裡更成為《尤里西斯》小說第
一幕的舞臺。愛爾蘭 20 世紀最著名的建築師 Michael
Scott 買下了這座塔樓，並於 1962 年在此成立了喬伊
斯博物館。沿著旋轉樓梯爬上高塔，一面聽熱心的志工
導覽，一面參觀喬伊斯的手稿與生前使用的物品，還可
以從絕佳的角度眺望海灣，相當值得一訪。

喬伊斯博物館（James Joyce Tower and Museum）
⚑ Sandycove Point, Dun Laoghaire, Dublin
🕐 夏季 10：00 到 18：00，冬季為 10：00 到 16：00，全年無休
💲 免費
🖥 joycetower.ie
🚌 搭乘 DART 區間車在 Dun Laoghaire 站下車，下車後大約走 10
　分鐘。

Dalkey 小鎮
尋找搖滾巨星 Bono

　　Dalkey 是一座歷史相當悠久的小村莊，大約十世紀就有維京人在此定居並建立要塞，至今仍有一座建於十世紀的教堂，以及兩座十四世紀興建的城堡。Dalkey 擁有天然深水良港，這座港口在中世紀相當繁榮，直到規模較大都柏林港建好以後，這座小鎮才逐漸沒落。

　　從 DART 車站出來後，沿著上坡路 Castle Street 走一小段就可以看到上述三座古蹟。兩座城堡當中，Archbold's Castle 為私有建築，觀光客只能參觀 Dalkey Castle。前面提到 Dalkey 的港口在古代很繁榮，以前商船會在這裡卸貨，暫時將貨物存放於有武裝保護的城堡當中，再運送至都柏林市區。以前這樣的城堡共有七座，目前只有兩座保存下來。

Dalkey Castle 就在 DART 車站附近

看完上述介紹，可以想見這些「城堡」主要是作為倉庫的功能，而非王公貴族的居住地，所以跟一般人印象中的城堡不太一樣，比較接近碉堡。Dalkey Castle 提供非常有趣的導覽活動，工作人員會穿上中世紀的服裝，打扮成古代的廚師、理髮師與弓箭手等身分，實際將歷史故事演給你看。導覽內容還包括城堡的建築介紹，可以認識獨特的武裝防禦設施，此外也會參觀古老的中世紀教堂 St. Begnet's Church。最後會有時間可以參觀館內互動式的展覽。

其實不只是城堡，Dalkey 的街道也充滿了古味。路上看到一棟可愛的小木屋，屋外還懸掛著復古的大時鐘，小貓原本以為這是博物館，近看才發現原來是愛爾蘭到處都有的連鎖超市 SuperValu，只是保留了原本的建築，跟周圍環境融為一體，跟日本京都漆成低調黑色的麥當勞招牌有異曲同工之妙。

古色古香的 SuperValu 超市

不知道這棟會不會是 Bono 的房子呢？

　　Dalkey 每年舉辦兩個廣受歡迎的節慶，包含 6 月中旬舉辦的書香嘉年華（Dalkey Book Festival），以及 8 月底舉辦的龍蝦節（Dalkey Lobster Festival），可以品嘗龍蝦等各種海鮮並聆聽現場爵士樂演奏。由於充滿人文氣息，又有美麗的海景，Dalkey 吸引了新世紀女聲恩雅（Enya）、重量級民謠歌手范‧莫里森以及 U2 主唱 Bono 等知名音樂人在此置產。走在 Dalkey 街上，尤其是面海、視野好的地點，常會看到高級的別墅。

Dalkey 城堡（Dalkey Castle）

🚩 Dalkey Castle & Heritage Centre, Castle Street, Dalkey, County Dublin, Ireland

🕐 星期一到星期五 10：00 到 18：00 開放。星期六日 11：00 到 18：00 開放。星期二休館。參觀城堡一定要報名導覽，每半小時有一梯導覽，最後一場導覽是 17：00

💲 全票 9.5 歐元、學生票／敬老票／兒童票（12 歲以下）8.5 歐元、家庭票（2 位家長 +2 為兒童）25 歐元

🖥 dalkeycastle.com

🚌 搭乘 DART 區間車在 Dalkey 下車，沿著主要道路 Castle Road 直走 10 分鐘左右。

都柏林
● 文青的散步路線 ●

　　都柏林是一座孕育了無數作家的城市，不只可以從文學作品當中看見愛爾蘭文化的縮影，還能親自拜訪喬伊斯、王爾德筆下人物去過的酒吧或景點。雖然都柏林與文學相關的景點多達幾十個，小貓在這裡列出的是不需要任何文學背景就能看得懂、也玩得盡興的景點。這些地點大多有豐富的視覺設計或趣味的活動、演出，英文不需要頂呱呱，也能感受到都柏林的文學氣息。

都柏林作家博物館（Dublin Writers' Museum）

　　不論是想要深入認識愛爾蘭的文學發展，或是愛爾蘭的作家一個都不認識，都柏林作家博物館都是個輕鬆增長知識的好地方。館內依據年代將作家分類，展出當年的手稿，並介紹每位作家的風格，不是文青也能一目瞭然。博物館的地點很靠近市中心，沿著 O'Connell Street 往北邊走，老教堂旁這棟紅磚建築就是囉。

作家博物館入口

　　博物館的入口不大，裡面卻別有洞天，一一介紹
喬伊斯、王爾德、蕭伯納（George Bernard Shaw）
以及獲得諾貝爾文學獎的詩人謝默斯・希尼（Seamus
Heaney）等人對愛爾蘭文壇的影響。參觀者一律提供
語音導覽機器，不須另外付費。

精心設計的休息區與小庭院，逛累了就來放鬆一下吧

　　如果想仔細看完所有介紹，需要至少一到兩小時，等到小貓好不容易看完這些展覽，才發現二樓還有展示區，其中一區展示珍貴古老的書籍，另一區則介紹愛爾蘭知名的兒童文學作品。牆上和各個角落都有生動可愛的裝飾，繪本裡的角色彷彿都活過來了，實在是很棒的動線設計，可以帶著一顆赤子之心結束這一回合。

繪本展示區

都柏林作家博物館（Dublin Writers' Museum）

📍 18-19 Parnell Square, Dublin 1, Ireland

🕐 星期一到星期六開放時間為 9：45 到 16：45，星期天為 11：00 到 16：30；12 月 23 至 24 日、1 月 1 日休館

💲 7.5 歐元

🖥 visitdublin.com/see-do/details/dublin-writers-museum

🚌 鄰近的輕軌車站為 O'Connell Street Upper（綠線），下車後步行 5 分鐘。

Sweny's Pharmacy
充滿驚喜的小店

　　就在三一學院附近，有一間懸掛白色小招牌，寫著 SWENY 的神祕小店，究竟葫蘆裡賣什麼藥呢？原來這是小說《尤里西斯》中主角布盧姆購買檸檬香皂的小藥局，現在則是專門推廣喬伊斯作品的非營利組織，店內依然保留維多利亞時期的桃花心木櫃檯與舊式玻璃藥櫃，彷彿隨時會有人上門買藥。

　　店裡販售各種版本的《尤里西斯》、《都柏林人》（Dubliners）與《芬尼根的守靈夜》（Finnegans Wake）等喬伊斯的代表作，同時你也可以跟布盧姆一樣買一塊檸檬香皂，果真打開來就香氣四溢，是既實用又有意義的紀念品。即使喬伊斯生平大部分時間都旅居歐洲，作品卻總是選擇以都柏林作為背景，充滿了對故鄉的感情。喬伊斯年輕時曾經酗酒鬧事，後來受到父親的一位朋友 Alfred H. Hunter 幫助，在喬伊斯打架受傷後替他包紮，並開導喬伊斯。據說這位充滿愛心的朋友就是布盧姆角色的原型。每年的 6 月 16 日是紀念喬伊斯的布魯姆日（Bloomsday），許多書迷會走訪小說中的場景，到 Sweny 買塊檸檬香皂更是這趟巡禮活動的傳統之一。

上：不起眼的小店，其實是《尤里西斯》的小書場景唷
下：清香迷人的檸檬皂，真後悔沒多買幾塊

Lemon Soap

檸檬香皂

　　店裡最有看頭的，其實是親切風趣的老夫妻 PJ 和 Bridget，凡是有人上門，他們就會主動介紹喬伊斯的作品，並且抓起手邊的樂器即興演奏一首愛爾蘭民謠。店裡幾乎每天都會舉辦朗讀會，大家聚在一起朗讀喬伊斯的作品，是非常有趣的體驗，也可藉機認識愛好文學的朋友。朗讀會的時間大約為一小時，不妨安排一些時間來參加。

Sweny 小店（Sweny's Pharmacy）
🚩 1 Lincoln Place, Dublin 2, Ireland
🕐 11：00 到 17：00
🖥 sweny.ie/site
🚌 鄰近的輕軌車站為 Dawson（綠線），下車走 7 分鐘左右。或搭乘 DART 在 Pearse 下車，大約走 5 分鐘可抵達。

文學酒吧與慶典

　　酒吧不僅是文學作品裡常見的場景，更是作家的生活重心。這是許多作家聚集，一起激盪出新靈感的場所。喬伊斯喜歡在 Davy Bryne's 酒吧跟朋友聚會，Toner's 則是愛國詩人葉慈（W.B. Yeats）在都柏林唯一造訪過的酒吧。

　　你也可以參加文學酒吧導覽之旅（Literary Pub Crawl），由專業演員當導遊，一面參觀與愛爾蘭文學作品相關的酒吧，聆聽這些作家的趣聞，還會現場演出知名小說中的場景，是認識都柏林文學最生動的方式。導覽之旅固定在市區 Grafton Street 的 Duke 酒吧集合，時間大約兩小時。每個酒吧的停留時間大約只有 20 分鐘，沒有時間用餐，所以最好先吃過晚餐再來集合。

　　除了靜態的展示和景點，豐富的文學祭也是感受都柏林藝文氛圍的一種方式，還有機會見到知名作家，參與簽書會並聆聽作家分享創作歷程。而規模最大的活動有每年 5 月舉辦的國際文學節（International Literature Festival），以及每年 11 月舉辦的都柏林書展（Dublin Book Festival）。此外，都柏林郊區的 Dalkey 小鎮也固定在 6 月中旬舉辦書香嘉年華。活動內容包含旅遊寫作工作坊、城市人文導覽、詩歌與短篇故事朗讀等。

都柏林街頭的喬伊斯雕像

文學酒吧導覽之旅（Literary Pub Crawl）
集合地點：The Duke Pub, Duke Street（在二樓集合）
🖳 dublinpubcrawl.com/booking_page.htm
🕐 4 ～ 11 月每天 19：30 開始。12 月到隔年 4 月為每個星期四和
　 星期天 19：30 開始。每個星期天 12：00 也有一場導覽（全年
　 無休）
💲 全票 14 歐元，學生票 12 歐元（有時從官網訂票會有更優惠的
　 價格）

都柏林

● 電影朝聖路線 ●

搖滾青春練習曲（Sing Street）

　　這次來到都柏林，其中一個目標是到幾年前的音樂電影《搖滾青春練習曲》（Sing Street）的拍攝地點朝聖。電影設定在 1980 年代經濟蕭條的都柏林，害羞的高中生康納（Conor）一面追求想成為模特兒的鄰家女孩羅希娜（Rahina），一面不顧父母的反對追求玩音樂的夢想。劇情節奏明快，加上有動聽的原創音樂，使這部小成本的獨立電影在美國的 Sundance Film Festival 電影節大受歡迎。

　　片名中的「Sing Street」為主角樂團的名稱，來自他們就讀的天主教學校 Synge Street Christine Brothers School（一般簡稱為 Synge Street CBS），取 Synge Street 的諧音就變成 Sing Street 了。Synge Street CBS 並非虛構的學校，而是編劇兼導演 John Carney 自己畢業的中學，他本人也在這個社區長大。

　　Synge Street 社區位於市中心的南邊，靠近大運河（Grand Canal），沿岸也設置單車道，非常適合散步或騎單車。雖然名為大運河，但其實是一條美麗的小河流，和名稱完全不搭，但河畔散發著悠閒的氣氛，這也是詩人派屈克·卡范納（Patrick Kavanagh）最喜歡的散步地點，是他的靈感泉源。

風和日麗的天氣，最適合來運河邊散步

以下的介紹會稍微包含一些劇透，讀者們如果介意的話請先貼個標籤，看完電影再回來讀唷。

Synge Street Christine Brothers School
醞釀夢想的校園

Synge Street CBS 的地點有些隱密，加上不是主要景點沒有指標，所以我不小心錯過了兩次才折回來。但是別擔心，附近有一些醒目的地標：搭乘輕軌到 Harcourt 下車後，右手邊是警察局，左手邊是巴西大使館（很多大使館都蓋在南邊運河一帶），從這裡直走第二個路口就是 Synge Street。只要在這裡右轉，就會看到顯眼的天主教堂 St. Kevin's Catholic Church，學校就在教堂隔壁。

看到這個路標，就代表你走對方向囉，學校就在這條路上；路標上的「8」指的是都柏林的第 8 行政區

　　愛爾蘭的學生非常幸福，暑假長達三個月，小貓造訪的期間為 6 月初，學校空蕩蕩的。校門外這條街就是康納第一次見到女孩的地方，他鼓起了不知哪來的勇氣，邀請女孩當他們樂團 MV 的女主角，一段戀情就此展開。

　　在劇中，Synge Street CBS 是一間風氣非常保守的天主學校，但現今校風已經開明許多，學生也在歷屆的科學競賽中屢獲佳績。不過目前仍只收男生，學生人數兩百多人，是規模非常小的中學。校園非常迷你，從後門就可一覽無遺，這也是其中一張電影海報的拍攝背景，趕緊呼朋引伴來擺出最帥氣的 pose 吧！

　　雖然籃球不是愛爾蘭最熱門的運動（最受歡迎的是足球和蓋爾式足球），校園的空地倒是設置了一個籃框，牆上則有足球球門的塗鴉，可以想像下課時間熱鬧的情景。

　　從這裡往南邊走 3 分鐘就可以到運河邊。運河邊的小社區稱為 Portobello，以前有不少猶太人聚集，因此在 1985 年建立了愛爾蘭猶太人博物館（Irish Jewish Museum），創建者為當時的以色列總統 Chaim Herzog。Chaim Herzog 出生於北愛爾蘭的貝爾法斯特，但主要的童年與學生時代都在此地度過。小巧的博物館前身為猶太教堂，不妨來認識一下都柏林歷史的另一面。

校園內的塗鴉

1. Synge Street 天主教男校（Synge Street Christian Brothers School）

⚑ Synge Street, St. Kevin's, Dublin 8, Ireland

🖥 syngestreet.com

🚌 鄰近的輕軌車站為 Harcourt（綠線），下車後步行 7 分鐘。

2. 愛爾蘭猶太人博物館（Irish Jewish Museum）

⚑ 3 Walworth Road, South Circular Road, Dublin 8, Ireland

🕐 夏季（5～9 月）的開放時間為 11：00 到 15：00，星期五和星期六休館；冬季只有 10：30 到 14：30 開放

💲 5 歐元

🖥 jewishmuseum.ie

🚌 鄰近的輕軌車站為 Harcourt（綠線），下車後步行 10 分鐘。

可莉摩爾港（Coliemore Harbour）
航向夢想的港口

在《搖滾青春練習曲》當中，康納曾經開著爺爺留給他的小船帶女友到 Dalkey Island 島上野餐，就是在 Dalkey 小鎮的可莉摩爾港（Coliemore Harbour）取景拍攝。Dalkey 是一座歷史悠久的小村莊，詳細介紹請見 P.98〈Dalkey 小鎮〉。

可莉摩爾港位於都柏林郊區，搭乘 DART 區間車到 Dalkey 站即可抵達。出站後右轉的下坡路直走到底左轉，就來到小巧的石造碼頭邊，沿路都有指標寫著 Coliemore Harbour。說是碼頭，其實只有幾位當地人悠閒地垂釣，或是以小船載觀光客到近在咫尺的小島 Dalkey Island 走走。天氣晴朗的話，不妨帶一籃愛爾蘭夏季盛產的草莓，到這座野生山羊漫步的小島走走，學康納來個浪漫野餐，或是坐在港邊的長椅上曬曬太陽，看一本好書。

可莉摩爾港（Coliemore Harbour）
🚌 搭乘 DART 區間車到 Dalkey 下車，步行約 10 分鐘。

電影結尾時，下定決心前往倫敦發展音樂的康納，請哥哥載他和羅希娜到港邊，兩人冒著大雨駛出了碼頭，航向未知的夢想。小貓跟許多人一樣，看這一幕時感動到哭，也從康納身上獲得了一份追夢的勇氣。建議親自到 Dalkey 一遊，讓青春的夢想深深烙印在你的心中吧。

搭乘小船只要幾分鐘就能抵達 Dalkey Island

聽著原聲帶漫遊都柏林

　　以下三首歌曲來自《搖滾青春練習曲》，小貓在都柏林期間常戴上耳機，重複聽著這幾首歌，沉浸在電影裡的世界。

❶〈Up〉是康納寫出的第一首歌，描述戀愛時輕飄飄的心情。歌詞中「Up to the stars she shows me. Dame Street, George's Street, miles below me」（她帶我飛向天上繁星，俯瞰腳下的 Dame Street 和 George's Street），Dame Street 和 George's Street 就是都柏林市中心的兩條主要街道喔。走累的時候，就聽這首歌振奮精神吧！

❷〈To Find You〉同樣是情歌，這首的氛圍更為內斂而深情，適合在夜晚的都柏林聽。不論你是來此尋找下一趟冒險，或是心中有所牽掛，等不及寄張明信片傳達情意，都別忘了我們正在前往對的人的旅途中「I was on my way to find you」。

❸〈Go Now〉這首震撼人心的片尾曲由魔力紅（Maroon5）主唱 Adam Levine 詮釋，就如歌詞所說的，一再拖延只會留下遺憾與未曾實現的夢想，只要有想拜訪的地方，有想追求的夢想，今天就行動吧，因為「You're never gonna go if you don't go now, you're never gonna know if you don't find out！」（如果現在不行動，永遠只能原地踏步。如果不放手一搏，永遠不會知道結果。）

康納和女孩相遇的街道，就在 Synge Street CBS 校門口

PART 5

愛爾蘭
七大自助
旅遊主題

健力士博物館

● 愛爾蘭的國民飲料 ●

　　造訪愛爾蘭之前，小貓只喝過一次健力士，當時只覺得味道很苦，喝起來一點也不像一般的啤酒，完全搞不懂它的名聲為何如此響亮。但是到都柏林的第一天，依然入境隨俗地點了一杯健力士，沒想到在都柏林喝的健力士口感相當滑順，有點像黑麥汁，淡淡的苦味中夾帶焦糖香氣。果然還是要在原產地喝比較美味，畢竟品質再好的飲料經過長期運送都會變質。於是，我也不免俗的前往都柏林非常受歡迎的景點─健力士博物館（Guinness Storehouse），深入了解這道國民飲料的歷史。

　　健力士博物館就蓋在酒廠旁邊，有許多互動式的體驗設施，逛起來毫不沉悶，能用輕鬆有趣的方式學習酒類知識。例如喝完罐裝的健力士啤酒，會發現裡面有一顆小圓球，你知道那是什麼嗎？那裡面裝著氮氣，打開罐子後因為氣壓變化的關係，氮氣會被釋放出來，使啤酒喝起來更濃郁順口。

　　至於吃素的人能喝健力士嗎？健力士在 2018 年 6 月底正式宣布研發出百分之百素食的啤酒。以前的釀造過程會使用以魚鰓製成的魚膠（isinglass）來過濾多餘的酵母，健力士公司於 2015 年正式宣布要開始研發其他替代的過濾方式，經過了三年不斷的實驗才成功。所以 2018 年 6 月底以後所製造的健力士啤酒都是不含動物成分的，素食者也可以安心飲用喔。

從博物館俯瞰隔壁的健力士工廠，這是都柏林目前還在運作的工廠中，歷史最悠久的一座

巧妙的樓層設計

　　博物館的樓層是依照健力士啤酒的製造流程來設計的，一樓先展示啤酒的主要原料，再循序漸進說明烘麥、發酵、分裝等過程，非常清楚明瞭。大家猜猜健力士啤酒的主要原料是什麼呢？其實就是水喔！要釀造好酒，取得天然的水源是最關鍵的，因此一進到展區就會見到一座以藍色 LED 燈照明的巨大噴泉，如此大費周章，就是要強調水質的重要，凡是參觀過都忘不了。

　　有別於一般啤酒以小麥製造，健力士啤酒使用大麥作為原料，並且以 232 度 C 的高溫烘烤大麥，創造獨特的色澤和香氣。溫度若再高，大麥就會燒焦而產生難聞的氣味，溫度太低則達不到理想的色調，因此釀造過程的每一步都宛如精準的科學實驗。

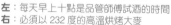
左：每天早上十點是品管師傅試酒的時間
右：必須以 232 度的高溫烘烤大麥

對品質的堅持

在正式分裝前，所有的健力士啤酒都須由經驗豐富的老師傅試飲，確認品質，而這項工作通常是世代相傳的。小貓對這座博物館印象最深刻之處，是創辦人亞瑟健力士（Arthur Guinness）的遠見。亞瑟堅持使用都柏林南邊威克洛山區（Wicklow Mountains）的水源，甚至一口氣在水源地簽下了長達一千年的租約。每當有人質疑健力士是否就近以利菲河的河水釀酒時，他就會理直氣壯地拿出租賃契約證明。

健力士酒廠的位址選在都柏林西南邊的第八區（District 8），其實就是為了方便運輸水源。當年還特地建了一條通往利菲河邊維多利亞碼頭（Victoria Quay）的鐵路，由特製的小火車將一桶一桶的啤酒送到河邊，再由蒸汽船運送到港邊準備外銷到世界各地。個性如此執著的亞瑟同時也提出了金氏世界紀錄（Guinness World Records）的發想，博物館中收藏了歷年來的金氏世界紀錄全集，解答大家對世界之最的各種疑問。

試飲時間

小貓是安排上午參觀健力士博物館，特地吃了一頓豐盛的早餐才出門，為什麼呢？因為博物館頂樓有免費試飲的活動！空腹特別容易喝醉，喝醉了就會破壞旅遊的興致，所以大家一定要記得先吃飽再來喔。

每位遊客都可以免費試飲三杯啤酒,不喝酒的人也別擔心,可以兌換無酒精飲料。門票上會附一張試飲券,記得要收好,換飲料的時候需要出示給工作人員看。除了傳統的健力士啤酒,Guinness 公司還生產 Harp 等不同系列的啤酒,如果將健力士博物館安排在愛爾蘭旅行的第一站,剛好可以趁機認識不同啤酒的口味,去酒吧就不用花冤枉錢點了一大杯自己不喜歡的啤酒喔。

試飲啤酒的地點其實就是一間寬敞舒適、可以俯瞰街景的酒吧,這裡正是都柏林樓層最高的酒吧,氣氛非常好,工作人員也很親切。將試飲券交給工作人員以後,從小黑板上列出的飲料中選三種。工作人員會給你一個木製小托盤,自行挑選喜歡的座位即可。

一次可以試飲三種啤酒

其中一個樓層專門展示歷年來逗趣的健力士廣告。快來找找看你的健力士被哪種動物偷喝了

　　如果嫌試飲啤酒不夠過癮，還可以練習自己倒一杯完美的健力士，練習控制泡沫和啤酒的比例。但這項活動也需要有試飲券，因此「試喝三種不同口味的啤酒」和「學習自己倒健力士」兩種活動只能二選一。

健力士博物館（Guinness Storehouse）
- 🏴 St. James's Gate, Dublin 8, Ireland
- 🕘 9：30 到 19：00（最後入場時間為 17：00）。除了 12 月 24、25 日與 3 月 17 日以外全年無休。每逢 7 月與 8 月分，開放時間延長到 20：00（最後入場時間為 18：00）
- 💲 現場成人票 25 歐元，線上訂票 18.5-20 歐元不等
- 🖥 guinness-storehouse.com/en
- 🚌 附近沒有輕軌車站，但可以搭乘 Hop On/Hop Off Bus，在 Guinness Storehouse 站下車，或搭乘 123 號公車（市中心運河以北從 O'Connell Street 搭乘比較近，運河以南則從 Dame Street 上車）。

三一學院（Trinity College）

● 都柏林尋寶祕境 ●

　　到英國旅遊要參觀劍橋大學與牛津大學，來愛爾蘭則不能錯過三一學院。三一學院創立於十六世紀，以現代大學來說規模比較小，但是保留了較多古老的建築與傳統，散發濃厚的歐式學院氛圍。三一學院還是許多名人的母校，例如愛爾蘭代表作家王爾德、《吸血鬼德古拉》的作者布萊姆・斯托克以及《格列佛遊記》作者強納森・史威夫特都畢業於此。

　　三一學院至今仍繼續進行教學與研究，所以校園中常看到許多學生匆忙趕去教室，跟悠閒的觀光客形成有趣的對比。來到這裡，絕對不能錯過保存於 Old Library 裡的精緻中世紀手繪聖經《凱爾之書》（The Book of Kells），不過小貓在當地朋友帶路之下，還發掘了一般觀光客不知道的私房景點，本章將逐一介紹。

校園裡美麗的角落

人氣校園景點

鐘塔（Campanile）

　　進入三一學院，就會看見這個大廣場和醒目的鐘樓，這是很多遊客喜愛留影的地點。校園裡有個迷信，如果你是大學部的學生（研究生和博士生不算），經過這個鐘樓時剛好鐘聲響了，代表接下來的考試會不及格。希望只是個傳說，不然大家都得繞遠路上課了。

右側為鐘塔，中間較遠處的建築為學生餐廳（The Buttery）

《凱爾之書》（The Book of Kells）

　　《凱爾之書》是中世紀由僧侶一筆一畫抄下來的聖經，內容是新約《聖經》的四福音書，記載耶穌的生平事蹟。在印刷術尚未發明的年代，這是讓聖經流傳的唯一方式，但這些僧侶似乎不以為苦，還在文字旁加上了精美的邊框與插畫，所以才會如此珍貴。

　　想參觀《凱爾之書》，要購買門票進入 Old Library，裡面有展覽和介紹，例如書名的由來是因為這本聖經抄本原本來自凱爾（Kells）地區，17 世紀時因為戰亂才送來都柏林保存，以及抄本上各種插畫的涵義等等。看完介紹後就可以見到本尊了，但請記得這間展覽室內禁止攝影喔。

　　仔細欣賞完《凱爾之書》後，沿著樓梯上樓就來到被譽為哈利波特圖書館的 Old Library，滿滿兩層樓的藏書真的會讓每位書蟲很想尖叫。圖書館正中央有一整排的長椅，可以坐下來好好享受壯觀的景象。

　　圖書館通常有幾位親切的管理員在場，他們都對這座圖書館的歷史非常熟悉，可以多向他們提問。小貓從其中一位管理員口中得知，所有三一學院的學生都可以閱讀這裡的藏書，不過要事先上網申請，就會有圖書館員負責找到指定的書籍，再把書帶去 Reading Room 給申請借閱的學生，聽完瞬間很想來這裡念個研究所，什麼科系都好！可是愛爾蘭男生太可愛了，應該很難專心唸書吧（自行腦補）。

壯觀的 Old Library 令人聯想起哈利波特的霍格華茲

華麗的拜占庭建築

精選私房景點

Museum Building

　　Museum Building 不是博物館，而是地質系與地理系學生的上課地點。Museum Building 位在 Berkeley Library 後面，大部分觀光客會錯過這棟建築，但裡面可是別有洞天。推開沉重的木製大門，映入眼簾的是人類身高兩倍的古愛爾蘭鹿化石，宛如左右護法守護著這座聖殿，乍看之下還以為闖進了侏儸紀公園的某個場景。

　　走進大廳，可以進一步欣賞華麗的拱門、拜占庭式階梯與瓷磚設計，雖然就在校園正中央，這裡寧靜的氣氛卻使人產生一種與世隔絕的錯覺，而且非常適合取景拍照。目前只有一樓大廳開放參觀。

Museum Building 展示威武的古愛爾蘭鹿化石

校園裡的祕密通道

　　祕密通道可不只是霍格華茲才有，三一學院的歷史長達四百多年，當然會有一些祕密通道囉。這些通道還分為兩種，一種是真實存在的祕密通道，另一種則只是大家口中流傳的，（應該）並非實際存在的通道。

　　最廣為流傳的祕密通道是以前有位校長提議在學校和附近的愛爾蘭銀行（Bank of Ireland）之間建設一條祕密通道，雖然這個提案被否決了（銀行應該不可能答應吧），但很多學生依然相信這條通道的存在。另一個通道傳說則是 Berkley Library 前方的圓球雕塑（The Sphere），傳說這個圓球底下有一條祕密通道，與全世界的各種球形雕塑相連，這當然是瞎掰的。

　　不過 Berkeley Library 裡有一條確實存在的祕密通道，與隔壁的 Lecky Library 相連，要從 Lecky Library 的藝術圖書區進入通道，其實就類似圖書館的地下室。聽完當地學生的介紹，小貓也想親自一探究竟，不過在 Lecky Library 門口就被一臉嚴肅的圖書館員擋下來，原來 Lecky Library 只開放三一學院的學生使用，每次進去都要檢查學生證。

　　由於門禁森嚴，小貓只好取消這趟圖書館祕密通道之旅，但是都柏林其實還有很多祕密通道：有的通道是以前反抗英國的民間軍事組織建設的，有些通道則位於教堂與附近的酒吧之間，這樣神父就可以偷偷溜進酒吧喝一杯，又不會被教徒發現，真是設想周到。來到都柏林，不妨多結交一些當地朋友，說不定他們會帶你到私房祕密通道裡冒險喔。

Berkley Library 前方的 The Sphere 雕塑，背後為 Museum Building 側面

神祕的學生餐廳（The Buttery）

　　沒找到祕密通道也別氣餒，到小貓的另一個私房景點去看看吧！從正門進入校園後，面對鐘樓的左邊那棟建築就是學生餐廳（不是有四個大柱子那個，是離廣場比較遠，只有一扇黑色大門那棟）。進門後會見到一個空蕩蕩的大廳，沿著左側角落的樓梯下去，穿過幾間學生社團辦公室，就會到達學生餐廳了。

　　學生餐廳長的很像地窖，天花板很低、搭配昏黃的照明，簡直像城堡裡的角落。這裡完全沒有遊客的蹤影，只有學生聚在一起吃飯聊天，不時偷瞄我這位不速之客，心裡大概猜想是走錯路的觀光客。餐廳裡販售簡單的三明治、義大利麵和沙拉吧，不妨在此享用午餐，重溫學生時代的生活吧。

左：從階梯走下去就會來到神祕的學生餐廳
右：學生餐廳的裝潢很像城堡的地窖

1. 三一學院（Trinity College）

⚑ Trinity College Dublin, the University of Dublin College Green Dublin 2

🖳 tcd.ie

🚌 鄰近的輕軌車站：Trinity（綠線），下車就會看到學校的正門囉。

2.Old Library（位於三一學院校園內）

🕐 夏季（5～9月）星期一至六 8：30 到 17：00、星期日 9：00 到 17：00；冬季（10月至隔年4月）星期一至六 9：30 到 17：00、星期日 12：00 到 16：30

💲 全票 14 歐元、家庭票 28 歐元、12 歲以下兒童免費

莫赫懸崖（Cliffs of Moher）

● 跟西城男孩一起奔向西海岸 ●

　　風景壯麗的莫赫懸崖聳立於愛爾蘭西海岸，幾乎與海面垂直，最高處為214公尺，全長約14公里。懸崖的名稱來自以前的一座 Mhothair 碉堡（現已不存在），不過蓋爾語（愛爾蘭語）的發音對英國人來說實在太困難了，所以簡化為 Moher。

　　小貓第一次見識到莫赫懸崖的美景，是在多年前西城男孩（Westlife）的《My Love》音樂錄影帶當中。MV 中五位男孩站在懸崖上高聲歌唱，唱著對摯愛的思念，而他們的歌聲也飄洋過海，在臺灣吸引了為數眾多的粉絲。我也正是這批歌迷之一，聽著西城男孩的歌聲度過課業繁重的國高中時期，跟著他們的歌詞學英文。

莫赫懸崖是許多人心中典型的愛爾蘭景色

從都柏林出發

　　前往莫赫懸崖的方式很多，可以自行租車，從高威市出發走 N67 公路，約需 1 小時半。若從都柏林出發走 M6 再接 M18 公路，時間約 3 小時。大眾運輸可從高威市區搭乘 Bus Eireann。小貓則是參加從都柏林出發的一日旅遊團。從都柏林搭遊覽車前往莫赫懸崖，會發現道路越來越狹窄，崎嶇的石子路、草地上漫步的綿羊和微風中逐漸增強的海水味，也讓我深深感受到「終於來到西海岸了！這裡才是真正的愛爾蘭！」

路邊吃草的牛群

遊客中心

　　莫赫懸崖隸屬於伯倫與莫赫懸崖地質公園（Burren and Cliffs of Moher Geopark），參觀的起點是遊客中心，從這裡延伸出兩條緊鄰著懸崖的步道。遊客中心的建築乍看之下有點像放大版的《魔戒》哈比人之家，直接建在山壁當中，這是為了減少對環境的破壞；空調也使用地熱與太陽能源，並回收雨水來使用。門票收入主要用於保護這裡的自然景觀，因為莫赫懸崖是海鸚（puffins，又稱海雀）等稀有海鳥的棲息地。遊客中心的停車場旁邊有一棟小巧的石造建築，大多數的遊客會完全忽略它的存在。其實這是一間冥想室，裡面有舒適的木頭座位、綠色系的牆面與天花板，還精心打造了迷你噴泉，一關上門就完全隔絕了戶外的雜音，只聽見充滿療癒效果的水流聲，是個放鬆心靈的好地方。

　　雖然迫不及待想去懸崖上眺望壯觀的海景，但遊客中心其實很精彩，有 3D 模擬的懸崖景觀，和詳盡的地質介紹，可以在參觀前先有基本的認識。為了解決女生廁所常大排長龍的問題，遊客中心一樓的洗手間為 unisex（男女共用），會介意的人可以使用二樓男女分開的洗手間。

左：冥想室內部
右：冥想室外觀

感動度破表的莫赫懸崖

由於懸崖上綠草如茵，峭壁與海平面幾乎垂直的角度也很罕見，這裡成了許多電影和 MV 的拍攝地。最有名的包括《哈利波特：混血王子的背叛》（Harry Potter and the Half-Blood Prince）中哈利與鄧不利多一起尋找分靈體的神祕洞穴，經典冒險愛情片《公主新娘》（The Princess Bride）中的懸崖，以及與魔力紅歌曲〈Runaway〉的 MV。

其實《哈利波特：混血王子的背叛》裡的「洞穴」並不是真的有山洞，只是峭壁的一角乍看很像洞穴的入口，所以剩下的畫面都是 CGI（電腦生成圖像，Computer-generated imagery）的，看起來卻如此逼真，看來莫赫懸崖的神祕氣氛也帶給了動畫師豐富的靈感呢。

遊客中心附近有兩條步道，一條往北通往位於懸崖最高點的歐布萊恩塔（O'Brien Tower），天氣好的時候可以從塔上眺望高威海灣（Galway Bay）與不遠處的三座小島 Aran Islands，另一條則往南邊通向 Hags Head 海岬。步道分為兩部分，一條位於護欄的內側，另一條直接沿著懸崖邊。雖然很多遊客會為了看到更清楚的風景而走在外側的步道，這樣其實有點危險，尤其剛下過雨的步道容易打滑，建議盡量走在內側，要拍照時再到外側的步道，並隨時注意安全。

趣味告示，圖右為「禁止使用無人機」

歐布萊恩塔是由當地人 Cornelius O'Brien 在 1835年建立的。愛爾蘭西部的風景雖然特別美，土壤卻十分貧瘠，因此生活更加貧困。O'Brien 先生意識到發展觀光才能振興地方經濟，所以興建了這座展望臺來吸引觀光客。發展到今日，莫赫懸崖的人潮總是絡繹不絕，觀光業也成了克萊爾郡（County Clare）最主要的收益來源，實在令人佩服 O'Brien 當年的遠見。

通往歐布萊恩塔的步道比較短，離遊客中心不遠，因此參觀完後我再往南走向 Hags Head 海岬。一路上邊走邊拍照，隨處都是取景的好地方，每拐個彎又有不同的角度可以欣賞峭壁。這條步道單程就有五公里，走道盡頭必須折返回遊客中心，但是美景當前只顧著拍照，小貓直到走回遊客中心才發現來回總共走了十公里。如果是腳力不好的人，可以中途就折返，不用太勉強自己。

我沿著懸崖邊的步道走著，戴起了耳機重複播放著西城男孩的《My Love》。男孩們唱著「So I say a little prayer, and hope my dreams will take me there, where the skies are blue to see you once again. Over seas from coast to coast, to find the place I love the most, where the fields are green to see you once again, my love」（我祈禱著，我的夢境會帶我到你身邊，在天空湛藍之處與你再見一面。我飄洋過海，只為尋找我最愛的地方，只為了在青草翠綠之地與你重逢，吾愛。）

每一次的旅行，似乎就是像這樣，漂洋過海只為回應一種來自遠方的呼喚，只為了給自己一種言語無法形容的浪漫。

通向 Hags Head 海岬的步道長約五公里

召喚著旅人的蔚藍海岸

莫赫懸崖遊客中心（Cliffs of Moher Visitor Centre）

🚩 Cliffs of Moher Visitor Experience, Liscannor, Co. Clare, Ireland

💻 cliffsofmoher.ie

🕐 12 月 24 至 26 日休館，其餘時間全年無休。每年 3、4、8、10 月的開放時間為 9：00 到 19：00，5 至 8 月的開放時間為 8：00 到 21：00，11 月到隔年 2 月的開放時間則是 9：00 到 17：00。

💲

門票類型	現場購票	線上購票 8：00-10：59 入場	線上購票 11：00-16：00 入場	線上購票 16：00 後入場
		淡季	旺季	淡季
全票	8 歐元	4 歐元	8 歐元	4 歐元
16 歲以下兒童（需有家長陪同）	免費	免費	免費	免費
學生票	5 歐元	3.5 歐元	5 歐元	3.5 歐元
敬老票	5 歐元	3.5 歐元	5 歐元	3.5 歐元

高威古城

● 站在世界的盡頭 ●

　　高威在愛爾蘭的西部，那高威再往西邊過去是哪裡呢？對我們現代人來說，從高威往西飛越大西洋，就能到達加拿大和美國，但是在哥倫布發現新大陸以前，歐洲人以為地球是平的，而高威就是世界的盡頭。

　　這裡是哥倫布最後停留、補充補給品的地點，他在當地的教堂祈禱、祈求一切順利，就航向西邊未知的大海……高威就是這樣的一座古城，至今建築與街道仍與哥倫布拜訪時差不多，保留著中世紀的美感，是一座有著獨特故事的小城市。

　　小貓的朋友 Grainne 目前在高威念研究所，我一大早就從都柏林搭火車去跟她碰面。從都柏林搭火車或客運前往高威，一趟大約三個小時。中途經過愛爾蘭流域最長的香儂河（River Shannon），越過這條河流，就正式進入了愛爾蘭西部。窗外瞬間起霧了，天氣比人口密集的東部更變化莫測，但更原始的景致與人文正等待著我。

高威港邊色彩繽紛的房舍

Eyre Square 公園（Kennedy Memorial Park）
散步的起點

　　Grainne 來火車站接我。一見面時我問她：「妳的車停在哪裡呢？」她搖搖頭：「我根本沒有車！高威是一座很迷你的城市，走路比開車還方便，因為很多地方都是徒步區，而且為了保存古老的道路和建築，很多路都是單行道，在市區開車反而麻煩。來吧，我先跟妳介紹前面這個是 Eyre Square 公園⋯⋯」

　　高威火車站正前方的 Eyre Square 公園，是市民休閒的主要場所。1965 年美國甘迺迪總統造訪高威並在此發表演講，從此以後公園的名稱改為甘迺迪紀念公園（John F. Kennedy Memorial Park），但居民還是習慣叫它 Eyre Square。

　　我們以 Eyre Square 公園為起點，沿著行人徒步區散步，高威所有好吃好玩的地點都近在咫尺。Shop Street、High Street 和 Quay Street 等主要道路都是徒步區，逛起來非常舒適。公園旁的廣場上豎立著十四面旗幟，象徵以往治理高威地區的十四個家族，而旗幟上的圖案就是他們的家徽喔。

上：在陰沉的天空襯托下，十四面家徽似乎更有氣勢了
下：Eyre Square 公園對面，是歷史悠久的 Hotel Meyrick 旅館

左：咖啡廳的趣味告示
右：藤壺青年旅館

　　沿著徒步區往下坡走就可以一路逛到港邊，路上常可以看到街頭藝人的表演，氣氛非常熱鬧。這間藍綠色調的藤壺青年旅館（Barnacles Hostel）是高威非常受歡迎的青年旅館，藤壺剛好符合高威的海洋風情。Barnacles 在都柏林也有一家分店，因此更詳細的資訊會在 P.200〈青年旅館懶人包〉一起介紹。

　　Quay Street 的一家咖啡廳外面貼著有趣的告示：「無人看管的兒童將得到一杯義式濃縮咖啡與一隻免費的小貓。」（All children left unattended will be given an espresso and a free kitten.）這下應該沒有家長敢丟著小孩不管了吧！

藤壺青年旅館（Barnacles Hostel）
⚑ Barnacles Galway, 10 Quay Street, The Latin Quarter, Galway
🖥 www.barnacles.ie

McDonaughs Fish and Chips
在地人公認的好滋味

搭了三個鐘頭的火車，肚子實在是餓了，Grainne 帶著我走到 Quay Street 的盡頭，靠近港口的 McDonaughs Fish and Chips 來吃超鮮美的炸魚薯條，吃飽再繼續逛。

McDonaughs Fish and Chips 1902 年就開始營業了，是當地人一致推薦的老字號餐廳。點餐方式非常簡單，先選擇炸魚的種類，再決定是否要搭配薯條。餐點的分量很大，也可以加點塔塔醬（tartar）、碗豆泥（mushy peas）等配菜以及各種飲料。碗豆泥看起來很普通，跟炸魚薯條卻是天作之合，可以讓整體餐點更清爽、口感更有層次，一定要試試看！如果不喜歡吃海鮮，店內也有炸雞等選擇。剛好天氣很溫暖，我們坐在戶外的座位用餐，兩位街頭藝人就在不遠處的轉角演奏民謠，一旁有兩位老太太隨著音樂起舞，路人則跟著打拍子，充滿小城鎮的歡樂氣氛。

豐盛的炸魚薯條套餐

McDonaughs 炸魚薯條餐廳（McDonaughs Fish and Chips）
⚑ 22 Quay Street, Galway, Ireland
🖳 mcdonaghs.net

高威傳統市集（Galway Market）

每逢週末舉行的 Galway Market，就在 St. Nicolas Church 前面的小路，攤販都是當地人，是挖寶和交朋友的好地方。有藝術家擺出自己的油畫作品和手工飾品，有婆婆媽媽親手縫製的傳統棉襪，也可以買到當地農夫種植的各種蔬菜水果。小貓在一攤販賣手工麵包、甜點的攤販試吃了各種口味，最後決定購買香氣濃郁的紅蘿蔔香蕉蛋糕，沒想到攤位上的媽媽很乾脆地給了我一大條口感紮實的蛋糕，害我吃了好幾天才吃完，真的是便宜又大碗。

高威傳統市集（Galway Market）
22 Quay Street, Galway, Ireland
星期六與星期日 8：00 到 18：00，7 月和 8 月星期五也有市集
galwaymarket.com

River Corrib
尋覓天鵝家族

River Corrib 在高威港口入海，是歐洲最短的河流之一，因此流速特別急，吸引許多人到河流上游泛舟，同時也是釣鮭魚的好去處。不過河裡最吸睛的是每天都會出沒的天鵝家族。不時可看到天鵝潛入水中覓食，只露出屁股的可愛模樣，優雅的形象全都沒了。根據 Grainne 的觀察，天鵝家族總共有 18 位成員，其中有兩隻是黑天鵝，通常都會全家一起出動喔。如果已經逛過主要的街道，回程時不妨沿著河邊的步道走，景觀非常天然，是約會和散步的好地點，運氣好的話還有機會看到生性害羞的水獺呢。

高威的天鵝家族

Griffins Bakery
百年麵包店

來到高威絕對不能錯過這家歷史悠久的 Griffins Bakery，現在已經是第五代經營，高品質的糕點與麵包遠近馳名。店內和門口有少數座位，可以喝杯咖啡，也可以外帶回旅館慢慢品嘗。糕點的種類琳瑯滿目，小貓最喜歡的是一種蔓越莓果醬內餡的小圓麵包，酸甜的滋味

很清爽，令人回味無窮。這家店非常熱門，最好不要太晚來挑選，否則很多麵包都會賣完，選擇會比較少。

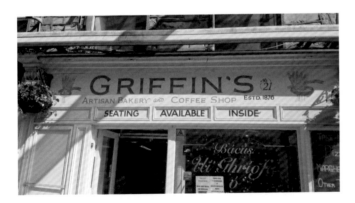

Griffins 麵包店（Griffins Bakery）
⚑ 21 Shop Street, Galway, Ireland
🖥 griffinsbakery.com

Claddagh 戒指
情定高威

　　如果還在猶豫來愛爾蘭要買什麼紀念品，不妨考慮傳統的 Claddagh 戒指，不只造型精美，也是愛情和友情的象徵。Claddagh 是高威附近的一座小漁村，是最早開始製造這款戒指的地區，歷史可追溯至十七世紀。在某些愛爾蘭家族中，Claddagh 戒指由母女代代相傳下去，由母親在女兒成年時替她戴上。戒指上的雙手代表友誼，愛心代表愛情，皇冠代表忠誠。不只觀光客會買 Claddagh 戒指，許多當地女孩也會配帶。若把捧著愛心的手朝外，代表是單身，雙手朝自己則象徵心有所屬，不用開口就能巧妙地傳達心意。

正中間的水藍色建築，有著白色的招牌，就是 Claddagh 總店喔

Claddagh Jewelry
📍 25 Mainguard Street, Galway, Ireland
💻 thecladdagh.com

帶著哥倫布的勇氣回國

　　每到一座城市，除了尋覓好吃好玩的景點，我也總是想認識這座城市的故事。究竟是什麼因素吸引先民來這裡定居呢？有誰來過這裡追尋夢想，又有誰為了追夢而遠走高飛？

　　這次非常幸運，有在地朋友 Grainne 帶路，不只參觀高威的歷史景點，也很生動地分享這裡的生活，讓我可以把「景點」和「人」連結在一起，交織成鮮明的景象。雖然高威市規模很小，但觀光業一向非常發達，愛爾蘭西部的工作機會也主要集中在這裡，很多人從鄉下進城工作。Grainne 來自人口只有兩百人的小村莊，因此為了求學也來到了高威。她笑著說：「從我住的公寓走到大學上課大約要二十分鐘，我的三位室友走路去上班都只要五分鐘，所以我的通勤時間是最長的。妳別看高威純樸的樣子，以前可是歐洲數一數二的大港口喔……」

西班牙拱門（Spanish Arch）
見證繁榮的貿易史

　　高威西部面海，同時有 River Corrib 和沼澤做為天然屏障，因此在中世紀時從小漁村發展成繁榮的貿易港口。為了保護市民的安全，城市周圍建立了相當堅固的圍牆，直到十九世紀這些城牆才逐漸損毀而消失，最終只剩下這座拱門還留著，見證高威昔日的榮景。當年高威與西班牙的商業往來相當平凡，過去常有西班牙商人進出，因而得名。拱門同時也是很多當地人和朋友出遊時的碰面地點，因為它跟都柏林的大尖塔一樣很醒目，絕不會找不到。

西班牙拱門見證高威昔日的繁榮

林奇宅邸（Lynch's Window）
高威古城的鬼故事

　　在熱鬧的大街上走著，Grainne 突然問我：「妳想聽鬼故事嗎？前面那棟房子曾經出過事情喔⋯⋯」

　　貿易興盛的高威，過去由幾個勢力龐大的商業世家所掌控，其中一個家族就是 Lynch 家族。傳說中 Lynch 家族的兒子與西班牙商人酒後發生衝突，失手殺死對方，身兼商人與法官的父親聽聞此事相當震怒，決定判處兒子死刑。然而事發當時沒有目擊者，許多人都不贊同這個判決結果，導致沒有劊子手願意執行死刑，最後法官親自在窗邊把兒子吊死。現在林奇家族的宅邸（尤其是這窗戶）也成了高威的參觀重點之一，雖然房子就在大街上，一點也不陰森，但也為這座城市增添了一則軼事。

高威最有名的一扇窗

紅髮艾德的 Galway Girl

　　小貓第一次聽到高威這座城市，不是因為甘迺迪或哥倫布，而是因為英國創作歌手紅髮艾德（Ed Sheeran）的歌曲〈Galway Girl〉。這首輕快的情歌，MV 找來愛爾蘭新生代演員莎夏羅蘭主演，並實際來高威取景拍攝。主要的拍攝地點是 Quay Street 和 Spanish Arch 旁邊面海的房舍，記得來高威前再複習一次 MV，找找看你能認出哪些地點！

紅髮艾德的街頭彩繪

　　順帶一提，艾德雖然是英國人，但爺爺奶奶都是愛爾蘭人，因此他也有一頭標誌性的紅頭髮，愛爾蘭人常開玩笑說 Ed Sheeran 比任何愛爾蘭人長得更愛爾蘭。當時來高威拍 MV 時引起了不小的騷動，許多人都希望能巧遇艾德和莎夏，後來還在街頭進行了艾德的彩繪作紀念。

哥倫布紀念碑

　　一路走到港邊，這裡有一座哥倫布紀念碑，見證他航向未知的勇氣。紀念碑上寫著：「大約在 1477 年，來自熱那亞（現在的義大利北部）的航海家哥倫布向西邊航行，找到了大西洋另一頭的新大陸。」來高威散散步，除了感受古城的親切感與美感，也帶一分哥倫布的勇氣回國吧！

同場加映：私房看海景點

　　沿著火車站附近的 Merchant Road 走，會看到一幢公寓大樓，這可是當地人才知道的看海景點。Grainne 帶我搭電梯來到頂樓，頂樓是一座停車場，擁有一望無際的景觀，可以飽覽港灣的美景。公寓的一樓也有一座停車場，只要搭乘停車場旁邊的電梯即可到達頂樓。頂樓同時也是海鷗的棲息地，這次很幸運地看到一隻正在角落孵蛋的母鳥。請記得不要太靠近，一方面是給予海鷗生活空間，一方面也是保護自己，避免被護子心切的海鷗攻擊喔。

上：哥倫布紀念碑
下：巧遇海鷗媽媽

伊莉莎白碉堡（Elizabeth Fort）

如果在柯克市停留的時間有限，不要猶豫了，就直接來參觀伊莉莎白碉堡吧。它不只是柯克最具代表性的古蹟，還位在高處的山丘上，可以俯瞰整個市容，而且參觀伊莉莎白碉堡是免費的，這麼好康的事可別錯過了。

從公車轉運站走 St. Patrick Street 或 Oliver Plunkett Street 走到底（兩條路是平行的），看到小公園（Bishop Lucey Park）後左轉然後過河。過河後只要沿著上坡路走 2 分鐘，看到紅色外觀的 BarBarella 酒吧，隔壁就是碉堡的入口囉。BarBarella 酒吧是科克市區最古老的酒吧之一，裡面的空間非常舒適，還有一個緊鄰著碉堡圍牆的小陽台，可以在古色古香的環境用餐，逛完碉堡不妨來喝一杯。

伊莉莎白碉堡是一座星型的碉堡，這種造型是為了達到零死角的防禦，不過小貓覺得這種造型更像烏龜。由於建於 1601 年，就以當時執政的英國女王伊莉莎白一世命名。最早的碉堡主要以木材興建，做為南部主要的軍事中心，但幾年後就被當地反抗英國統治的居民燒毀了，後來在英國政府的指示下進行重建。

碉堡入口處有小小的遊客中心，親切的工作人員說可以自行參觀城牆，也可以花 3 歐元參加每天下午一點的導覽解說。導覽的內容很豐富，而且平日的遊客不多，有很多機會可以發問、更深入了解當地的歷史與趣聞，非常推薦參加。

　　城牆上保存了以前的大炮，還有模擬製作炮彈的場景。以前炮彈卡在大炮裡的話，必須由一名士兵冒險把炮彈拿出來，有時炮彈會在拿取的過程中爆炸，整隻手臂都會被炸傷，非常驚險。因此愛爾蘭有一句諺語說「I'll chance my arm.」（我想碰碰運氣），就是這樣演變而來的。如果有人問你要不要買彩券，你就可以說「Okay, I'll chance my arm.」（好啊，我想試試手氣）。

上：看到 BarBarella 酒吧，就抵達伊莉莎白碉堡囉
下：城牆上保存著舊式大炮

城牆上有不少真人大小的人像，可以想像過去的光景

　　碉堡在 19 世紀時還曾做為監獄，主要是羈押要被
流放到澳洲等地的犯人。來這裡不僅可以深入認識柯克
的歷史，還可以欣賞一望無際的美景，導覽人員會一一
指出重要的建築做介紹。城牆上可以飲食，不妨先買好
午餐來這裡享用，導覽人員還說他們非常歡迎民眾來碉
堡野餐，甚至考慮多增加一些座椅呢。

　　小貓造訪碉堡的時候，前方剛好有一座工地，聽
了導覽人員解釋才知道是在蓋學生宿舍，因為當地學生
人數越來越多，可以出租的公寓卻非常少。不過這座宿
舍已經蓋很久了，建設公司和市政府價錢談不攏，因此
工程長期停擺，所以當地人都戲稱它為「什麼都沒有中
心」（None-of-It Centre）。這也是參加導覽的樂趣之
一，可以聽到一般遊客不知的趣聞和小故事。

模擬製作炮彈

1. 伊莉莎白碉堡（Elizabeth Fort）

🚩 Elizabeth Fort, Barrack Street, Cork City, Ireland

📖 elizabethfort.ie

🕐 星期二至六的開放時間為 10：00 到 17：00，星期天為 12：00 到 17：00。星期一休館。

🚌 附近沒有公車站，最便利的參觀方式為步行，從市中心走過來只要 5 分鐘。沿著 Barrack Street 走上坡，碉堡就在右手邊。

💲 免費參觀，參加導覽為每人 3 歐元（12 歲以下免費），只有 13：00 的場次，導覽時間約 30 分鐘，不須事先預訂。

2. BarBarella 酒吧

🚩 125 Barrack Street, Cork, Ireland

📖 barbarellacork.com

🚌 位於伊莉莎白碉堡隔壁，紅色的建築很顯眼。

English Market
全愛爾蘭最好逛的市集

　　在愛爾蘭逛了許多市場和市集，小貓覺得最好逛的非 English Market 莫屬。首先它是室內的，在多雨的愛爾蘭這絕對是一大優勢，逛街不用擔心風吹雨淋。再者 English Market 的生鮮食物的選擇性很多，像賣水果的攤位種類就比超市多樣，連椰棗、紅石榴等超市較少出現的水果也買的到。這座市場是體驗柯克風土民情的好去處，連現任英國女王伊莉莎白二世在 2011 年造訪愛爾蘭時都曾來參觀。

　　因為柯克市以前有一座 Irish Market，因此 English Market 取名與之區別，不過現在 Irish Market 已經關閉了。English Market 就在市中心，有兩個入口，主要的入口在 Princes Street，較小的入口在 Oliver Plunkett Street 旁的巷子 Market Lane。

左：風味獨特的山羊乳酪
中：Princes Street 的入口
右：Market Lane 的入口

　　English Market 的肉類與海鮮攤販也是公認的新鮮又
划算，許多當地的餐廳會直接向這些攤販叫貨。如果你
住的青年旅館有廚房，非常建議來這裡採購食材。有些
魚類可能在臺灣比較沒機會看到，沒關係，可以直接問
老闆怎麼煮才好吃，小貓在 English Market 遇到的攤販
都超級親切，這也是柯克這座城市深得我心的原因之一。

　　市場裡有一家乳酪專賣店，小貓在搭客運回都柏林
前買了一塊山羊乳酪，就在車上當晚餐吃。山羊乳酪的
味道比較重，第一次吃需要花一點時間習慣。別看它小
小一塊，其實很有飽足感喔。剛打開乳酪的包裝時，突
然覺得在客運上吃重口味的食物似乎不太好（儘管臭豆
腐的氣味還是更勝一籌），不過逛一整天真的太餓了，
只好厚著臉皮繼續吃，就在濃郁的乳酪香氣當中結束了
這趟「柯克之旅」。

冰與火之歌

● 北愛爾蘭的權力遊戲 ●

　　許多前往英國或愛爾蘭的遊客，都會忽略北愛爾蘭這塊角落，其實北愛爾蘭的景色更加蒼涼壯麗，保存了許多古老的森林與崎嶇的岩石海岸，不只 HBO 知名影集《冰與火之歌：權力遊戲》（Game of Thrones）大部分場景都選擇在北愛爾蘭拍攝，首府貝爾法斯特更是孕育了靈魂樂手范·莫里森的文化之都，也是鐵達尼號的誕生地。

神祕國度，隱形國界

　　小貓參加了從都柏林出發的套裝行程，造訪北愛爾蘭的自然景觀，並在貝爾法斯特進行短暫的停留。一大清早從都柏林出發，不到兩個半小時的車程就來到了貝爾法斯特。北愛爾蘭目前屬於英國領土，但兩國的國界是可以自由進出的，不須停車進行任何檢查，可以說是一條隱形的國界。

　　只見一個路標寫著「Welcome to Northern Ireland」（歡迎來到北愛爾蘭），我們就踏進了這個神祕的國度，好像哈利波特來到了九又四分之三月臺，乍看之下跟麻瓜世界沒有兩樣，但學生們攜帶著寵物貓頭鷹、照片裡的人物還會說話，許多小細節都提醒著你這是另一個國度。

　　北愛爾蘭也是如此，有點像愛爾蘭，又有一點不一樣。當地人的英文腔調和都柏林的腔調差很多；而且無法使用歐元，只有比較大規模的景點，像貝爾法斯特的鐵達尼博物館（Titanic Belfast）與巨人堤道（Giant's Causeway）的遊客中心會收歐元，但是只收紙鈔，而且找零是給英鎊。因此出國前最好準備一些英鎊，比較便利。

　　我們在貝爾法斯特停留了半天，參觀以前曾遭受IRA等激進組織炸彈攻擊的社區。在夏季的藍天下，這座城市看起來如此和諧，很難想像三十年前不同宗教與政權之間的權力鬥爭。幸好從二十一世紀初以來，貝爾法斯特已經變得相當和平，即使人與人之間的差異永遠會存在，我們可以像U2樂團所唱的《沒有名稱的街道》（Where The Streets Have No Name），學習彼此包容，拆除不同種族與宗教之間的藩籬。

貝爾法斯特牆上的彩繪敘述著以往動盪不安的歷史

上：紀念爆炸案受害者的石碑與花圈
下：貝爾法斯特市中心的天主教堂

巨人堤道（Giant's Causeway）

　　離開了內在美與外在美兼具的貝爾法斯特，我們前往北愛爾蘭最具代表性的景點巨人堤道。階梯般的玄武岩石柱彷彿是巨人倉皇逃跑時留下的斷橋，於 1986 年列入世界遺產，而且是非常少數同時列入「文化」與「自然景觀」兩種遺產的景點。這裡擁有多達四萬個黑色玄武岩柱，是因為火山活動造成的，與澎湖的玄武岩有異曲同工之妙。

　　如此特殊的地形也孕育了巨人的傳說：據說以前愛爾蘭島上和蘇格蘭島上都住著巨人。有一天蘇格蘭的巨人 Benandonner 向愛爾蘭的巨人 Finn McCool 提出決鬥的要求，相約傍晚時在愛爾蘭島上舉行，於是 Finn McCool 打造了一座石橋，讓 Benandonner 可以走過來。當 Benandonner 從橋上越來越接近時，Finn McCool 發現對方居然比自己高了好幾個頭，嚇得趕緊溜回家。Finn McCool 的老婆想到了一個妙計：她將 Finn McCool 打扮成小嬰兒，要他乖乖躺在巨大的搖籃裡。當 Benandonner 來到他們家時，以為 Finn McCool 生的小嬰孩居然如此龐大，本人一定比所有的巨人都還高大，因此嚇得落荒而逃。Benandonner 臨走時還拆毀了石橋，避免 Finn McCool 追上來，而今天的巨人堤道就是石橋的遺跡。

彷彿被海水淹沒的堤道

獨特的玄武岩景觀有如人造階梯

自然景觀區免費參觀，參觀遊客中心才須付費，可以從地質學、地理、文化等角度深入認識巨人堤道。此外，遊客中心提供語音導覽機器，可攜帶到海岸邊一面聆聽一面參觀。從遊客中心走到底下的岩石邊要走一段路，但沿途的風景非常值得，如果真的累了或有老人家同行，遊客中心也很貼心地安排了接駁公車，只要一英鎊即可搭乘。如果體力許可，建議親自走到岸邊，才能真正感受到這裡的特殊景觀。

巨人堤道遊客中心（Giant's Causeway Visitor Centre）

🚩 44 Causeway Rd, Bushmills BT57 8SU, UK

🕐
月份	時間
1月	早上 9：00 到 17：00
2～3月	早上 9：00 到 18：00
4～6月	早上 9：00 到 19：00
7～8月	早上 9：00 到 21：00
9月	早上 9：00 到 19：00
10月	早上 9：00 到 18：00
11～12月	早上 9：00 到 17：00

💲 全票 8.5 英鎊、兒童票 4.25 英鎊、家庭票 21 英鎊、團體全票 6.5 英鎊、團體兒童票 3.25 英鎊（事先上網訂票有提供折價優惠，此外為了鼓勵環保，搭乘公車等大眾運輸抵達的旅客，只要出示證明也可獲得折扣喔）

💻 giantscausewayofficialguide.com

🚌 可以從鄰近的 Coleraine 小鎮搭乘以下幾班公車： Ulsterbus Service 172; Goldline Service 221; Causeway Rambler Service 402; Open Top Causeway Coast Service 177; Antrim Coaster Service 252。自行開車沿著 B147 國道（也就是 Causeway Road 一直往北開即可）。

卡里克空中吊橋（Carrick-a-Rede Rope Bridge）
愛爾蘭最美的海灣

卡里克空中吊橋被評選為全世界三大險峻的吊橋之一，連接愛爾蘭本島與一座因火山活動而形成的小島，當遊客走過吊橋時，也正好橫越了一座古老的火山口。這裡離巨人堤道只有五分鐘的車程，卻多了一分與世隔絕的寧靜美感。

最早的吊橋是由當地的漁夫所建的，以前每逢 6 ～ 9 月會有鮭魚經過此地往河川上游產卵，漁夫為了便於捕魚，就在島上搭建了臨時小屋。可惜生態的破壞導致鮭魚數量銳減，因此停止捕撈。後來政府將吊橋與小島規劃為自然保護區，而現在的吊橋則是後來再重建的。

風景區的入口處可以購買過橋的門票，如果單純參觀風景區是免費的。吊橋一次僅限八人通行，會有一位工作人員負責驗票與管理過橋的人數，所以其實是很安全的。不過吊橋懸在三十公尺的高空，底下就是蔚藍的大海，一踏上去就劇烈搖晃，正常人還是會覺得有點緊張。號稱完全沒有懼高症的小貓也忍不住快步走過去，心裡一直想著：「底下那些海草看起來好像很美味」來轉移注意力。

與世隔絕的吊橋美景

　　到了島上後，終於能坐下來好好享受美景。夏季的愛爾蘭海濱總是開滿了各種小花，而這裡的海水硬是比其他地方都還清澈，海底的岩石、海草都可以看得一清二楚，連水面上魚兒的躍動都映入眼簾。海鷗就在峭壁上築巢，傍晚時分海鷗陸續歸巢照顧幼鳥，整座海灣都可以聽到牠們略為尖銳的嗓音。如此天然的景色，真的感受到這裡是海鷗的家，而我們這些旅人只是過客，靜靜地來訪，也靜靜地離去。

上：克服懼高症走過吊橋，就能享受絕世美景
下：海水無比清澈

小貓在這趟旅途上認識了正在念大學的紐約女孩 Nicole。Nicole 聊到她主修歷史，對歐洲的歷史和文化很有興趣。我們坐在懸崖邊的草地上聊著家鄉的文化，聊著各自的夢想，雖然來自不同的背景，但同樣是兩個年輕人，迫不及待想探索世界上每個美麗的角落，所以相當有共鳴。這天非常晴朗，可以從島上看見遠處的蘇格蘭，感覺非常超現實，彷彿坐在世界的邊緣，心情卻是無比平靜。

卡里克空中吊橋，真的美到無法用文字形容，就算有懼高症也一定要蒙著眼睛走過來，不要錯過全愛爾蘭最美的海灣！

卡里克空中吊橋（Carrick-a-Rede Rope Bridge）

📍 119a Whitepark Road, Ballintoy, County Antrim, Northern Ireland

🕐 夏季的開放時間為 9：30 到 18：00，冬季為 9：30 到 15：30。冬季通常指 10 月底開始到隔年 3 月，實際日期請記得上官網確認喔

💲 全票 8 英鎊、兒童票 4 英鎊、家庭票 20 英鎊

💻 nationaltrust.org.uk/carrick-a-rede

🚌 同巨人堤道，兩者相距只有五分鐘的車程，跟著指標就可以找到囉。

愛爾蘭最美的海灣

梅爾郡的詛咒

● 看球賽去！●

　　在都柏林的青年旅館吃早餐時，突然闖進了一群吱吱喳喳的國小男生，大家都戴著學校的鴨舌帽。兩名辛苦的帶隊老師忙著管秩序，根本沒時間吃早餐，一直提醒小朋友「講話不要太大聲」、「麵包拿回座位上再吃！」。原來，這些小男生是從西南部的威克斯福德郡（Wexford）前來都柏林比賽，他們比賽的項目是愛爾蘭的傳統運動蓋爾式足球（Gaelic Football）。

　　等小球員們坐下來用餐，帶隊老師終於可以喘一口氣，小貓也把握機會跟他們聊起了愛爾蘭的運動賽事。大部分歐洲國家都對足球非常狂熱，但愛爾蘭卻是一個例外，這是因為愛爾蘭有自己傳統的運動，而這些運動項目受歡迎的程度甚至超越了足球。除了蓋爾式足球，板棍球（Hurling）和英式橄欖球（Rugby）也很熱門。

從鄉下進城比賽的小男孩們

梅爾郡的詛咒（The Curse of Mayo）

帶隊老師問我：「妳有聽過梅爾郡的詛咒嗎？」

「美乃滋的詛咒？」我滿臉問號。我後來才知道，梅爾郡的「Mayo」發音跟美乃滋的「mayo」一樣。

「不是啦，梅爾郡（County Mayo）在愛爾蘭西北方。」

愛爾蘭每年都會舉辦蓋爾式足球的全國比賽（All Ireland Football），其中梅爾郡是一支相當有實力的球隊，幾乎每年都會打進決賽或準決賽，但他們卻有六十多年沒得到全國冠軍了。

梅爾郡上次贏得全國蓋爾式足球賽冠軍，已經是 1951 年的事了。決賽結束後，球員在回家的路上受到鄉親們熱烈的歡迎，當然也少不了喝啤酒慶祝。就在此時，有一列送喪隊伍經過球員停留的小村莊。根據愛爾蘭習俗，有送葬隊伍經過時眾人必須保持沉默，以示對死者和家屬的尊重。但這些年輕球員被勝利的喜悅沖昏了頭，完全沒注意到送葬隊伍的存在，依然忘我地繼續狂歡。隔天早上的告別式當中，聽聞此事的神父對球員無禮的舉動感到相當憤慨，甚至預言在這些球員都過世前，梅爾郡再也無法贏得國家比賽的冠軍。

不論這則瘋狂的傳聞真實度有多高，梅爾郡的確總是跟冠軍擦身而過，而每年梅爾郡鄉民都引頸期盼今年能打破魔咒，這也為蓋爾式足球賽事增添了許多樂趣。

這些年輕人⋯⋯

愛爾蘭特色運動

蓋爾式足球是愛爾蘭最受歡迎的運動，每逢賽事都可以看到許多路人穿著球衣。乍看之下蓋爾式足球和一般的足球非常類似，不過球員可以用手控球，而且計分制度完全不同。每隊有 15 個球員，進球則分為一分球和三分球。

板棍球其實就像把加拿大流行的冰上曲棍球換到陸地上來玩，是一項球速很快的運動，通常比分也很高，相當刺激。比賽會用到稱為「Hurley」的球棒，球則稱為「Sliotar」。球員也會戴著頭盔，以免球棒打到頭導致受傷。除了使用 Hurley 擊球，球也可以用踢的，或空中以手接球。

蓋爾式足球與板棍球都是愛爾蘭本土特有的運動，而英式橄欖球則源自英國，「Rugby」的名稱則來自當初發明這項運動的城鎮。Rugby 跟美式橄欖球的規則非常相似，都是充滿身體接觸的激烈球賽，但球員不須戴護具，比賽的節奏也比較快。除了在英國與愛爾蘭，Rugby 也盛行於以前曾被英國殖民的澳洲和紐西蘭，因此又稱為澳式橄欖球。

親身體驗球賽

　　小貓最推薦看球賽的地點其實是酒吧，因為大部分觀光客對以上幾項運動都不熟悉，現場看可能不容易掌握球賽進行的狀況，會覺得花一筆錢買門票不是那麼值得。但在愛爾蘭幾乎所有酒吧都會現場轉播球賽，只要點一杯飲料就可以輕鬆觀賽，如果覺得無聊也不一定全場看完，剛好適合想看看熱鬧的外行人。所有比賽資訊都可以上愛爾蘭體育協會（Gaelic Athletics Association，簡稱 GAA）的網站查詢，抓準比賽時間到離你最近的酒吧即可。

　　如果想體驗現場看球賽的氣氛，都柏林主要的比賽場地是 Croke Park 體育場，許多演唱會也會在此舉辦。Croke Park 還附設 GAA Museum，展示內容包含愛爾蘭的運動史、各種精彩的比賽花絮和體壇名人堂，而且地點離市區很近，不妨順道參觀。

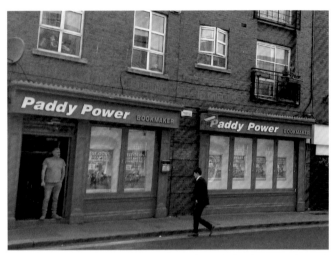

愛爾蘭隨處可見的連鎖店 Paddy Power，其實是運動彩券行。想知道最近有什麼比賽，也可以走進店裡詢問喔

1. 愛爾蘭運動博物館（GAA Museum）
####（位於 Croke Park 運動場（Croke Park）內）

🚩 Jone's Road, Dublin 3, Ireland

💻 crokepark.ie

🚌 搭乘 DART 區間車在 Connolly 下車後步行約 15 分鐘。搭乘輕軌綠線在 Parnell 下車後步行約 15 分鐘。也可以搭乘 1 號、7 號、11 號、13 號、14 號、16 號、27 a 或 27b 公車。

🕐
1～5月、	星期一到星期六 9：30 到 17：00。
9～12月	星期天與國定假日 10：30 到 17：00。
6～8月	星期一到星期六 9：30 到 18：00。 星期天與國定假日 9：30 到 17：00。
比賽當日	視賽事調整博物館開放時間，請事先上官網確認。

💲 全票 7 歐元、學生票／敬老票 6 歐元、兒童票 5 歐元、家庭票（兩位家長 + 兩位兒童）18 歐元、家庭票（兩位家長 + 三位兒童）20 歐元

2. 愛爾蘭體育協會（GAA，Gaelic Athletics Association）

💻 gaa.ie

愛爾蘭運動體驗館（Experience Gaelic Games）

　　光看球賽不過癮嗎？愛爾蘭運動體驗館專門開放給觀光客學習和體驗蓋爾式足球、板棍球等運動。先學習傳統運動的歷史與規則後，會有教練逐一示範基本姿勢，接著就會組隊開始進行簡易版的比賽，讓你不只坐在場邊當觀眾，還能親身體驗充滿熱血的愛爾蘭傳統運動。體驗館裡設有更衣室和淋浴間，別忘了穿上舒適的球鞋，並且攜帶自己的毛巾喔。

愛爾蘭運動體驗館（Experience Gaelic Games）
⚑ Experience Gaelic Games, Na Fianna GAA Club, Mobhi Road, Glasnevin, Dublin 9, Ireland
🕐 每場體驗的時間約 2 ～ 3 小時
💲 全票 2.55 歐元、學生票 1.1 歐元
🖥 experiencegaelicgames.com
🚌 體驗館隸屬於 Na Fianna GAA 俱樂部，從市區 O'Connell Street 搭乘 4 號或 9 號公車，在 Saint Mobhi Road, Glasnevin 下車，俱樂部就在公車站對面，國立植物園就在附近。

PART 6

帶著
這五個
懶人包
，
就可以
上路啦！

別怕！愛爾蘭俚語懶人包

　　語言是自助旅行最大的挑戰之一，雖然跟英國和美國一樣說英文，有些單字或用法是愛爾蘭特有的，初次造訪的旅客可能從來沒聽過。但是別擔心，本章幫大家整理了愛爾蘭常聽到的生活用語，不只幫你克服語言障礙，還能拉近跟當地人的距離喔。

　　讓我們從最實用的打招呼用語開始吧！

1 打招呼用語

　　愛爾蘭人打招呼很常說「What's the story?」或「What's the craic?」，這兩句的意思都跟我們常聽到的「How are you?」是一樣的，這時只要回答「Good」或「I'm fine」就可以囉。

　　Craic 的發音跟「crack」一樣，字面上的意思是 fun（趣味、有趣的事），所以有時愛爾蘭人會說「Let's have some craic!」（讓我們盡情享樂吧！），跟「Let's have some fun.」是同樣的意思。在美國俗語當中，crack 是毒品的意思，但這個字在愛爾蘭其實跟毒品一點關係都沒有喔。

　　愛爾蘭治安良好，大部分人也很友善，問路的時候都會很親切地回答你。如果需要問路或遇到任何麻煩，也可以直接找警察。在愛爾蘭，警察不叫 police，而稱為「Garda」（這是愛爾蘭文，發音為 gar-di），警車則稱為「Garda Car」或「Garda Van」（廂型車那種）。

警察總部後方停放的 Garda Van；圖片左側為 Phoenix Park

2 找廁所

　　除了打招呼，找廁所也是旅途上非常重要的事情，一定要學起來。英國人與愛爾蘭人通常稱呼洗手間為 toilet，不過愛爾蘭人有時也會把洗手間稱為「The Jacks」，所以你也可以說「Where's the Jacks?」（請問洗手間在哪裡？）

　　為何會把廁所叫做傑克呢？其實就是當年發明隔間式廁所的 Jack Power，他生了 38 個孩子（實在是太厲害了），為了解決家人排隊等廁所的問題，在院子裡蓋了一座小屋，裡面自己做一些隔間，就能同時給好幾位小孩使用。Jack Power 還將這項設計申請專利，靠著實用的發明致富，但身邊的親朋好友卻暱稱這種洗手間為「The Jacks」，最後甚至全國上下都開始使用這個字。傑克老兄非常討厭這種暱稱，他可不希望別人想到他時只想到廁所，但顯然愛爾蘭人完全不領情，到今天他們還是將洗手間暱稱為「The Jacks」！

3 到底是幾樓？

入境後的第一件事，就是到旅館 check in，這時櫃檯人員會告知你的房間在幾樓。不過臺灣和美國使用的是同一種樓層系統，愛爾蘭和英國、加拿大等國則使用另一套系統，所以有的臺灣遊客會聽得霧煞煞，搞不清楚房間在幾樓。其實只要記住一個原則：英式／愛爾蘭式英語多了 Ground Floor（地面樓）的概念，也就是我們平常說的一樓（first floor）。Ground floor 再往上才是 first floor，也就是我們認知中的二樓。

怕搞混的話，只要把你聽到的樓層再加一層即可，例如櫃檯人員說「Your room is on the second floor」，把 second（2）加一，就可以知道房間是在三樓，這樣就不會走錯囉。而搭電梯時，一樓（Ground floor）通常以大寫的 G 或數字 0 來表示。

_4_ 殺價必學「Daylight robbery」

　　出國通常會買些紀念品，如果對方敲竹槓，提出貴的離譜的價格，你就可以說「That's daylight robbery！」（這是敲竹槓吧）。這個說法在英國與愛爾蘭地區都適用，因為以前曾經課窗戶稅（Window Tax），房子的窗戶越大，繳的稅越多，所以窮人都只能裝迷你小窗戶，屋內幾乎沒有陽光，政府簡直就是把陽光搶走了。

都柏林的 H & M 藏身在古色古香的建築裡

_5_ 為什麼湖泊是「Lough」不是「Lake」？

　　你可能會發現，愛爾蘭的湖泊名稱不是 lake，而是 lough（發音類似陋 - 呵），例如北愛爾蘭的最大湖 Lough Neagh（內伊湖）。其實這個字來自蓋爾語／愛爾蘭語，而蘇格蘭地區的蓋爾語也使用同一個字，這就是為什麼尼斯湖的英文是 Loch Ness，雖然拼法不同，但發音是一樣的唷。

6 餐廳酒吧常用字

　　來到餐廳或酒吧，一定要試試愛爾蘭原產的健力士啤酒，因為顏色很深，愛爾蘭人常暱稱為「The black stuff」。愛爾蘭人通常是大杯大杯地喝，這種啤酒杯叫做「pint」（品脫），是一種容量單位。如果平常不習慣喝酒，可以告訴服務生你只要「a glass」或「half pint」，就可以點比較小杯的啤酒，不用勉強自己。愛爾蘭人乾杯時不講英語的「Cheers！」（乾杯），反而習慣講蓋爾語「Slainte」（發音類似「使郎夏」），有機會跟愛爾蘭朋友喝酒的話不妨試試看。

a glass of Guinness 也可稱為「half pint」

7 常用的美式／愛爾蘭式／英式英語單字對照

中文	美式英語	愛爾蘭式英語	英式英語	補充說明
飛機	Airplane	Aeroplane	Aeroplane	
公寓	Apartment	Flat	Flat	
朋友／老兄	Buddy	Mate／Lad	Mate／Lad	Lad 通常稱呼年紀比自己小的男性朋友，mate 則不分年齡。
（餐廳的）帳單	Check	Bill	Bill	雖然 check 和 bill 都有帳單的意思，說 check 有時愛爾蘭人會聽成發音相同的 cheque（支票）。

中文	美式英語	愛爾蘭式英語	英式英語	補充說明
電梯	Elevator	Lift	Lift	Lift 有提升或往上的意思，也就是電梯的功用囉。
冰箱	Fridge	Freezer	Freezer	Freeze是冰冷的意思，加上 er 就是冰箱了。
電影院	Movie Theater	Cinema	Cinema	英式／愛爾蘭式拼音中，er 常會改成 re，像 theater（戲院）會拼成 theatre，center（中心）會拼成 centre。
停車場	Parking lot	Car park	Car park	
人行道	Sidewalk	Footpath	Pavement	行人（雙腳）走的道路，就是人行道囉。
慢跑鞋	Sneakers	Runners	Trainers	三種說法其實都很好理解：美式的 sneakers 是因為穿慢跑鞋走路很安靜，可以 sneak（悄悄地走），愛爾蘭的 runners 顧名思義就是跑步時穿的鞋子，英式的 trainers 則強調是進行跑步訓練時穿的鞋子。
足球	Soccer	Football	Football	
毛衣	Sweater	Jumper	Jumper ／ Pullover	
（食物）外帶	Takeout ／ to go	Takeaway	Takeaway	

省錢懶人包

　　愛爾蘭在歐洲算是物價偏高的國家，簡單吃一餐就要臺幣三、四百塊，住宿和交通費也不便宜。但只要事先規劃，還是有很多省錢的小撇步，這篇會根據小貓的第一手經驗來分享六大省錢法則。

法則 *1*：想省錢，先從青年旅館下手

　　除了機票，住宿是旅途上最主要的花費，因此選擇青年旅館能省下一大筆花費。很多青年旅館都有廚房，可以自行下廚，節省飲食的支出。更詳細的青年旅館介紹請見 P.200〈青年旅館懶人包〉。

法則 *2*：自己下廚超划算

　　愛爾蘭最主要的兩家超市是 Supervalu 和 Tesco，兩家店賣的商品大同小異。其中 Supervalu 是愛爾蘭本土的品牌，Tesco 則來自英國，但一樣會販賣許多愛爾蘭當地的食材。另一家愛爾蘭常見的超市是 Iceland，主要販賣微波即食的食品，但是也有賣蔬果、雞蛋、牛奶等一般產品。店內的分類相當詳盡，辣味食品、海鮮、素食、咖哩都有專屬的區域，選擇真的超多，累到不想煮菜時 Iceland 簡直是救星。

　　如果想逛逛傳統市場，柯克市的 English Market 和都柏林的 Moore Street Market 都有不少生鮮蔬果可以挑選。Moore Street Market 地點就在總郵局後方的街道，這些攤販賣的蔬果通常都比超市便宜。

愛爾蘭是歐洲最大的乳製品出產國，所以乳酪、優格、起司、牛奶都有超多選擇，是起司控的天堂。超市也有賣品質很不錯的麵包，可以買吐司＋起司做成三明治。此外，義大利料理和印度料理在愛爾蘭頗受歡迎，所以可以買到很多相關產品。

水果方面，夏季盛產草莓、藍莓、櫻桃等水果，價格差不多是臺灣的一半，吃起來超過癮，又富含天然的維他命 C，小貓幾乎每天都買一大盒。只要遵守這些小撇步，就可以盡情享用美食，又不怕瘦了荷包。

上：Iceland 賣的素食千層麵和炸魚條（fish finger），兩樣都特價 1 歐元
下：草莓一盒、蘋果 7 顆、洋蔥 3 顆、韭蔥（leek）1 大條，總共才 6.5 歐元

法則 *3* : 外食也可以很划算

愛爾蘭跟美國不一樣，沒有給小費的習慣，因為服務生的薪水已經包含在餐點費用裡了，所以不用多付這一筆錢。

許多酒吧都有供應餐點，雖然選擇比餐廳少，但價格通常比較便宜。小貓最常點濃湯，價格大約 4 ～ 6 歐元，還會附上麵包，這樣就是簡單的一餐，卻非常有飽足感。愛爾蘭人比較晚吃晚餐，晚上 6 點半或 7 點以前屬於冷門時段，這段時間很多餐廳都有提供折扣，可以多加利用。行程排得比較滿的時候，我會盡量縮短吃午餐的時間，以三明治或綜合果汁果腹，早餐和晚餐再吃豐盛一點。只要不強求餐餐吃美食，外食也可以很輕鬆又划算。

English Market 販賣的新鮮水果，很多攤販也賣現打果汁

法則 4：交通省很大

　　節省交通花費的第一步，就是把鄰近的景點排在同一天參觀，這樣距離比較近的景點步行即可抵達，不用另外搭車。例如三一學院、都柏林城堡、半分橋這幾個景點都在附近，排在同一天參觀就很適合。如果在都柏林停留兩天以上，建議買張 Leap Card，搭乘輕軌、DART 區間車和公車都有打折，也不用一天到晚拿零錢出來，比較方便。

　　來往不同的城市之間，客運通常比火車便宜很多。舉例來說，從都柏林到高威市的單程火車票，票價大約為 18 ～ 20 歐元，但是搭乘客運的單程票只要8～9歐元。當然，客運的舒適度與效率無法與火車相提並論，如果真的想搭火車，盡量提早訂票，比較能找到優惠的價格。

　　如果自行租車，小貓建議選擇小型轎車，除了租金和油錢比較便宜之外，因為愛爾蘭的鄉間小路頗為狹窄，小型車在會車和找停車位時都會方便許多。

搭乘客運是節省旅費的好方式，左側的紅磚建築為柯克客運站

法則 5：安排景點有訣竅

　　每個月的第一個星期三，愛爾蘭有許多歷史景點開放免費參觀，例如柯克市博物館（Cork Museum）、威克洛山區國家公園（Wicklow Mountains National Park），可以優先參觀這些景點。

　　另一個省錢的關鍵是事先訂好門票，因為很多景點線上訂票都會提供優惠價格。例如最多遊客參觀的健力士博物館現場購票要 25 歐元，線上訂票只要 18.5 歐元，差了 200 多塊臺幣，所以先訂票真的划算很多，還能省下排隊買票的時間。

　　此外，小貓非常推薦購買 Heritage Card，只要持有這張卡，就可以免費參觀愛爾蘭各地的許多古蹟和景點。想知道使用 Heritage Card 是否比較划算，不妨先上 Heritage Ireland 官網確認這張卡可以使用的景點，選出所有想參觀的景點，將票價相加後若價格高於 40 歐元，買 Heritage Card 就可以省下一筆開銷喔。

　　Heritage Card 的購買方式也很便利，只要是可以使用的景點都有販售。例如，都柏林城堡可以使用 Heritage Card，如果這剛好是你旅途的第一站，直接在售票處購買就可以囉。

Heritage Card

$ 全票 40 歐元、老人票（60 歲以上）30 歐元、學生票／兒童票（12-18 歲）10 歐元、家庭票 90 元（最多 2 位家長 +5 位小孩），有效期限一年，從使用當日開始算起，遺失無法補發。

法則 *6*：出境前再省一筆 ▶ 退稅

　　愛爾蘭的增值稅（VAT）課的很重，高達 23％，這也是愛爾蘭物價高的原因之一。但只要你是來自歐盟以外的國家，而且在購買產品後的三個月內出境，就可以辦理退稅，等於省下五分之一的花費，真的差很多。在愛爾蘭，除了書籍、兒童的衣物與鞋子以外，其他產品幾乎都可以申請退稅。

　　記得每次消費時都要拿收據，而且收據上必須列出店家名稱、地址與 VAT 的金額。通常只要開口詢問，店家就會幫你填好 tax-free form（退稅申請單）。產品不可以拆封，搭機回國前向海關出示要退稅的產品與 tax-free form 即可。

　　如果同時到好幾個歐盟國家旅遊，可以在最後一站辦理退稅，例如在義大利和法國旅遊，買了一些紀念品後，最後才到愛爾蘭旅遊，剛好這三個國家都是歐盟國，只要把收據和產品收好，在愛爾蘭出境前辦理退稅就可以了。

　　有時退稅可以直接在機場領到現金，有時則必須等候匯款，等上幾個月都有可能。如果你像小貓一樣，喜歡以照片、明信片和回憶做為主要的紀念品，當然也可以省下退稅的麻煩，不過對於喜歡大採購的遊客而言，申請退稅絕對很值得。

Trinity College

明信片就是最超值又有意義的紀念品

行程規劃懶人包

認識了這麼多有趣的景點，就要開始規劃行程囉。其他章節已經介紹過都柏林市區與愛爾蘭全國的交通方式，本章則會介紹自助旅行的好幫手「day trip」（一日旅行團）。

預訂 Day trip 超簡單

愛爾蘭全島面積不大，都柏林剛好在中間，因此若以都柏林為居住地進行放射狀的旅行，不論往南往北的都很方便。如果想前往比較偏僻的風景區，也可以參加 day trip，讓旅程規劃更輕鬆。預定 day trip 很簡單，小貓這次參加了兩個，在此用莫赫懸崖的行程示範。

❶ 首先前往 viator 網站，這個網站上可以找到世界各地的套裝行程。搜尋「Cliffs of Moher」，並選擇從都柏林出發的行程（Cliffs of Moher Tours from Dublin）。

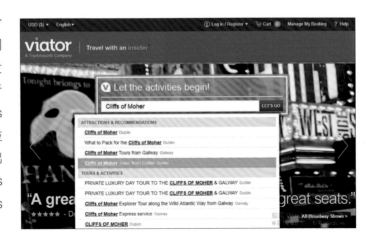

❷ 這時就會顯示所有相關的 day trip，但可不是價錢便宜和星星多就好，一一點進去看行程有什麼差別，哪一個最適合你吧！

❸ 點選其中一個 day trip 後，可以觀看介紹影片。

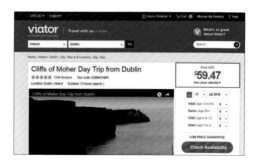

❹ 看完影片後，請先閱讀底下的「Overview」，也就是行程的主要內容，最底下也有其他旅客的評價可以作為參考。有些 day trip 的費用已經包含餐點，有些則要自行負擔飲食費。這些細節在訂購前都要先看清楚，才能確保參加的行程符合你的需求。如果有喜歡的行程，記得點一下「Important Info」確認費用等細節，就可以開始報名。

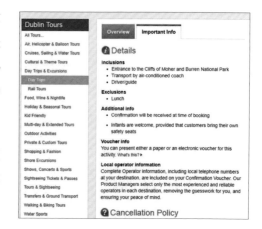

❺ 選好 day trip 後，就從右上角選擇日期與人數（大部分 day trip 每天都會出團）。費用的原始設定是美金，也可以改以歐元計費。選好了以後點選「Check Availability」。

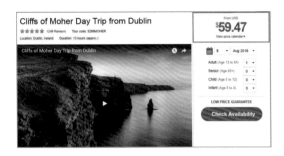

❻ 第二個畫面可以更改日期（Change dates and details）或人數（Change # of travelers）。沒問題後請再次點選「Check Availability」。

❼ 第三個階段就要填寫姓名與付款資訊。「Tour ／ Activity Language」一般會選擇英語，如果有特殊需求可以點選「Add an optional note for the tour provider」填寫。

❽ 最後，填寫聯絡資訊，點
選「Book Now」就完成報
名囉！

❾ 報名完成後，別忘了再次檢
查資料是否正確，並將資料
印出來，集合時出示給導遊
看。首先要確認訂購的姓名
是否與護照上的拼音相同，
並確認日期、人數是否正
確。接著確認集合的時間、
地點、總費用。

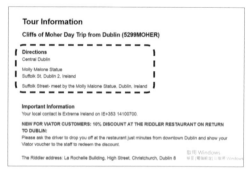

圖中「Direction」下方顯示的就是集合地點

這次的集合地點是茉莉馬龍（Molly Malone）雕像前。茉莉馬龍是民謠中描述的貧窮少女，以小推車在
街頭賣魚，象徵都柏林以往窮困的生活

⑩ 接著看清楚了！發車時間是清晨的 6：50，但是要在發車前 10 分鐘抵達，因此 6：40 就要到囉。真的非常早，但你會發現每個人都很興奮，簡直像國小戶外教學一樣，而且參加 day trip 也是認識其他旅客的好機會喔。

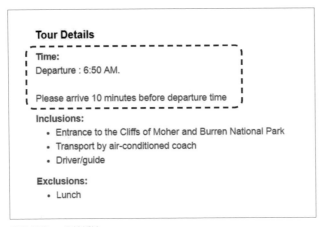

Tour Details

Time:
Departure : 6:50 AM.

Please arrive 10 minutes before departure time

Inclusions:
- Entrance to the Cliffs of Moher and Burren National Park
- Transport by air-conditioned coach
- Driver/guide

Exclusions:
- Lunch

記得提早 10 分鐘抵達

小貓參加 Day Trip 的旅行社
這兩個行程內容都很豐富，導遊也很幽默、介紹許多有趣的當地文化。
1. Cliffs of Moher Day Trip From Dublin- Extreme Ireland 旅行社
   費用為 59.27 美金（約臺幣 1,800 元）。
2. Northern Ireland Highlights Day Trip Including Giant's Causeway From Dublin- Wild Rover Tours 旅行社
   費用為 88.91 美金（約臺幣 2,660 元）。

青年旅館懶人包

　　住宿青年旅館不只能省下一大筆旅費，也能認識許多新朋友，比起一般旅館，跟其他房客可以有較多的互動。本章會根據小貓的第一手經驗，分享如何挑選適合的青年旅館，並推薦幾家都柏林的超值青年旅館。

　　很多青年旅館提供免費的徒步導覽，幫助房客在短時間內對都柏林有基本的認識，非常建議參加。小貓抵達都柏林時，愛爾蘭剛進行完墮胎合法化公投，街頭還有許多宣傳海報和標語，導遊也利用這個機會向我們介紹愛爾蘭的文化：以前愛爾蘭的法律非常嚴格，連未成年少女、胎兒影響到母親的健康，甚至遭受性暴力懷孕的女性都禁止墮胎，導致許多女性必須出國接受手術，甚至有些女性因勉強生產而喪命。透過 2018 年的公投，愛爾蘭終於成功修法，賦予女性平等與自主權。有機會參加導覽的話，不妨多加提問，可以更深入認識愛爾蘭的社會。

街頭的宣傳標語：
「尊重女性生命，
5 月 25 日請投贊成
票（25 May, Yes for
Women's Lives）」

如何挑選青年旅館

挑選青年旅館最重要的是什麼？房價便宜？有免費的早餐和 Wi-Fi？這些都很重要，但更重要的是「地段」，千萬不要為了省錢而住在離市區很遠的旅館，不只浪費時間，還要多花交通費，其實沒有比較划算。

以都柏林為例，住在 Dublin1 和 Dublin2 這兩區是最方便的。如果有規劃搭火車或客運，住在 Heuston 火車站和 Busaras 轉運站附近也很便利。如果住在柯克市，小貓推薦入住靠近 English Market 的青年旅館，這裡不只是柯克市的正中心，到各個景點都不遠，要採買食物也很便利。

選好地段後，就要確認青年旅館是否有廚房以及免費的早餐，這兩樣都有的話就能盡量節省餐飲費。就算不想煮菜，至少也有微波爐，可以買微波食品來加熱。並不是所有青年旅館都有廚房，有些旅館一樓經營餐廳或酒吧，樓上經營旅館，這種通常就不會有廚房，訂房前要多留意。

青年旅館的廚房、冰箱都是共用的，煮起飯來當然沒有家裡順手。像小貓住的青年旅館雖然設備齊全，但刀子全都很鈍，有的平底鍋底部還凹陷，但是在不熟悉的廚房中，用異國的食材做料理，其實也是很有趣的體驗。有的青年旅館會有 free food 區，如果有旅客要回國了，還有食材沒煮完就會放在這一區，例如剩下半包義大利麵、調味料與醬料，由其他人自行取用。每天留意一下 free food 區，也是省錢的好方法唷。

自己烤馬鈴薯，加入新鮮的迷迭香，就是簡單又美味的晚餐囉

　　幾乎所有旅館都會提供免費的 Wi-Fi，所以這點不用擔心。不過要記得帶轉接頭，愛爾蘭的電壓是 220 伏特，臺灣是 110 伏特，不能直接用充電器。別忘了，在 5 到 8 月的旅遊旺季，便宜的青年旅館非常容易客滿，一定要提早預訂，這樣也能早點開始安排行程喔。

精選都柏林青年旅館

❶ Jacobs Inn

地段很優，離 Busaras 輕軌車站、Busaras 客運站、Connolly 火車站都是五分鐘內的路程。設施非常齊全，床邊都有充電插座和小簾子。種類很多，有 2 人房、4 人房、6 人房、8 人房、10 人房、12 人房，大多為上下舖，也有膠囊式的房間。可以選擇男女混房或純女性房。提供簡單的早餐，包含吐司、牛奶、麥片、紅茶、咖啡等。每天都有免費 walking tour。

Jacobs Inn
🚩 21-28 Talbot Place, Dublin 1, Ireland
💻 jacobsinn.com

Jacobs Inn 的上下舖床位，床舖底下有置物籃

❷ Barnacles Hostel

位於熱鬧的 Temple Bar 地區，附近有許多景點與餐廳、酒吧，機能很便利，不過晚上會比較吵鬧，適合到哪裡都能輕鬆入睡的旅客。有多種房型選擇，床邊都有充電插座和小燈，提供簡單的歐陸式早餐。

Barnacles Hostel
🚩 19 Temple Lane, Temple Bar, Dublin 2, Ireland
💻 barnacles.ie

❸ The Times Hostel

在都柏林市中心有兩家分店，靠近 Stephen's Green 公園與 Grafton Street，逛街購物很方便，徒步到 Temple Bar 地區也只要五分鐘。房型多元，不定期舉辦各種互動活動。提供簡易早餐，隨時供應免費的熱茶、咖啡。

The Times Hostel
🏴 College 分店：8 College Street, Dublin 2, Ireland
　College 分店：8 Camden Place, Dublin 2, Ireland
💻 timeshostels.com

❹ Garden Lane Backpackers

位於市中心南邊 Liberties 地區，屬於比較安靜、有隱私的青年旅館。雖然位於巷子內，交通依然很方便，靠近健力士博物館、聖派翠克教堂等景點，廚房的設備也很齊全。附早餐且 24 小時提供免費的吐司和燕麥片。

Garden Lane Backpackers
🏴 Garden Lane Holiday Hostel, Garden Lane, Dublin 8, Ireland
💻 目前沒有官網，但可以上 Booking. com 查詢與訂房（booking.com/ hotel/ie/garden-lane-backpackers. en-gb.html#policies）

實用資訊懶人包

基本資訊

國民	愛爾蘭共和國	首都	都柏林
官方語言	愛爾蘭文、英文	面積	70,282 平方公里（外交部資訊）
人口	約 480 萬人（外交部資訊）	貨幣	歐元
時區	GMT 0 小時。比臺灣慢了八小時，3 月底至 10 月下旬為日光節約時間，比臺灣慢七小時。	簽證	持臺灣護照旅遊享 90 天內免簽證
電話國碼	+353	國慶日	聖派翠克節，在 3 月 17 日
宗教	天主教為主，天主教徒約占人口 83％（外交部資訊），其他宗教主要為基督教（新教）和外國移民本身的宗教信仰。	國家象徵	豎琴、酢漿草（又稱幸運草）
氣候	溫帶海洋性氣候，多雨潮濕，冬天不常下雪。日夜溫差大。夏天平均氣溫 13-17 度，冬天平均氣溫 0-7 度	主要的國際機場	都柏林（DUB）、柯克（ORK）、香農（SNN）
車輛行駛方向	右駕，靠左行駛	電壓	220 V
插座	三孔狀，和英國的規格相同，別忘了帶轉接頭喔。	駐館／緊急聯絡單位	駐愛爾蘭代表處（Taipei Representative Office in Ireland）

駐愛爾蘭代表處（Taipei Representative Office in Ireland）

🚩 www.taiwanembassy.org/IE

🖥 8 Lower Hatch St., Dublin 2, D02Vy31, Ireland

📞 1. 詢問簽證、護照等一般事項：（+353）1-6785413/01-6785413

　 2. 緊急電話：（+353）872825680/0872825680

愛爾蘭相關資源

❶ IB4UD（Ireland Before You Die）網站

　　觀光資源非常豐富的網站，有特色餐廳與酒吧排行榜，以及露營、自行駕車、親子旅遊等不同旅行方式的建議。

網址：irelandbeforeyoudie.com

❷ Discover Ireland 網站

　　同樣是介紹很多實用旅遊祕笈的網站，首頁最下方還會隨時更新近期的活動、表演和演唱會，隨時掌握最新資訊。

網址：discoverireland.ie

❸ DoDublin 網站

　　以都柏林地區的旅遊資訊為主，可以查詢各種優惠票券與 Hop On/Hop Off Bus的相關資訊。

網址：dodublin.ie

❹ English with Alan（Youtube 頻道）

　　非常清楚明瞭的英語教學，會特別說明愛爾蘭俚語、愛爾蘭腔調的特色，教學速度偏慢，所以很容易就能聽懂並跟著練習。

網址：youtube.com/channel/UCQ
　　　　qvfgbHvMN7TmW10Vv1DKg

❺ Diane Jennings（Youtube 頻道）

　　這位都柏林女孩超級幽默，影片會介紹愛爾蘭人的習慣、特色美食、愛爾蘭人對各國遊客的看法等，可以很深入認識愛爾蘭文化。

網址：youtube.com/user/Dianes
　　　　Audition

❻ Irish Rail 網站

　　愛爾蘭國營鐵路公司官網，查詢與訂票一次搞定。

網址：irishrail.ie

❼ Bus Eireann 網站

　　愛爾蘭國營客運公司官網，查詢與訂票一次搞定。

網址：buseireann.ie

國家圖書館出版品預行編目資料

一見鍾情都柏林：愛爾蘭自助全攻略 / 港都小貓作.
-- 初版. -- 臺北市：華成圖書, 2019.07
　面 ；　公分. --（自主行系列；B6218）
ISBN 978-986-192-350-5（平裝）

1. 自助旅行 2. 愛爾蘭

741.789　　　　　　　　　　　　　108007549

自主行系列　B6218

一見鍾情都柏林 〔愛爾蘭自助全攻略〕

作　者／港都小貓

出版發行／〔華杏出版機構〕

華成圖書出版股份有限公司
華成官網 www.far-reaching.com.tw
11493台北市內湖區洲子街72號5樓（愛丁堡科技中心）
戶　　名　　華成圖書出版股份有限公司
郵政劃撥　　19590886
華成信箱　　huacheng@email.farseeing.com.tw
電　　話　　02-27975050
傳　　真　　02-87972007
華成創辦人　郭麗群
發 行 人　　蕭聿雯
總 經 理　　蕭紹宏
主　　編　　王國華
責任編輯　　楊心怡
美術設計　　陳秋霞
印務主任　　何麗英
法律顧問　　蕭雄淋
華杏官網　　www.farseeing.com.tw
華杏營業部　adm@email.farseeing.com.tw

定　　價／以封底定價為準
出版印刷／2019年7月初版1刷

總 經 銷／知己圖書股份有限公司
　　　　　台中市工業區30路1號　　電話　04-23595819　　傳真　04-23597123

版權所有　翻印必究 Printed in Taiwan　　◆本書如有缺頁、破損或裝訂錯誤，請寄回總經銷更換◆

讀者線上回函
您的寶貴意見
華成好書養分